돈의 흐름으로 보는
세계사

[일러두기]

1. 본문 중 굵은 글씨는 원서를 따랐다.
2. 중국의 지명과 인명은 외래어 표기법에 따라 중국식 발음대로 옮겼다.

SEKAISHI NO SHINSOU WA TSUKA DE YOMITOKERU

Copyright ⓒ 2018 Masakatsu Miyazaki

Original Japanese edition published by KAWADE SHOBO SHINSHA Ltd. Publishers
Korean translation rights arranged with KAWADE SHOBO SHINSHA Ltd. Publishers
through The English Agency (Japan) Ltd. and Danny Hong Agency.
Korean translation copyright ⓒ 2019 by The Korea Economic Daily &
Business Publications, Inc.

역사는 · 화폐가 · 지배한다

돈의 흐름으로 보는
세계사

미야자키 마사카쓰 지음
송은애 옮김

한국경제신문

돈의 역사를 되짚어가면
세상을 보는 눈이 바뀐다

'통화'가 움직이는 세상

오늘날은 정치적·경제적으로 불안정한 상태가 계속되고 있다. 세상이 불안정한 가장 큰 원인 중 하나가 1971년의 닉슨 쇼크Nixon Shock(달러 쇼크)에 있다.

닉슨 쇼크란 공화당 출신의 리처드 닉슨Richard Nixon, 전 미국 대통령이 미국 달러 지폐와 금의 태환(교환)을 일시적으로 정지한다고 선언해, 브레턴우즈 체제Bretton Woods System(미합중국의 달러를 기축으로 하는 단일 세계 경제)가 막을 내리게 된 사건을 말한다.

지금까지 '금'으로 가치를 담보받았던 달러와 전 세계

통화가 불환지폐不換紙幣(한 나라의 화폐 제도의 기초가 되는 본위화폐와의 교환이 보증되어 있지 않는 지폐−옮긴이)로 바뀌어, 날마다 통화 가치가 변하게 되었으니, 그 위에 세워진 전 세계의 정치·경제가 불안정해진 것도 어찌 보면 당연하다. 통화 가치의 상승과 하락은 각국의 무역까지도 좌우한다.

이처럼 '지금 변화하고 있는 세상'이 '어째서 이와 같은 모습인가?'에 대한 해답을 파고들면 출발점이 된 '세계사의 변동'에 도달하며, 그 변동은 대개 경제의 전환점과 일치한다. 경제의 혈액이라 불리는 '통화' 문제가 현대 세계를 이해하는 유용한 한 가지 열쇠인 셈이다.

따라서 이 책에서는 **은화→지폐→전자화폐로 변모해온 약 2,500년간의 돈의 역사를 중심으로 세계사를 풀어나가려 한다.**

본문에 들어가기 전에 우선, 기나긴 화폐의 역사를 크게 한번 훑어보며, 대략적인 이미지를 머릿속에 넣어두자.

화폐의 역사 ① :
화폐의 출현과 세계 통화의 등장

'은덩이'가 화폐로 사용되기 시작한 때는 지금으로부터 약

4,000년 전이지만, 화폐는 기원전 6세기 터키에서 '**주화 혁명**'이 본격적으로 시작된 이후에 널리 보급되었다.

주화 혁명의 영향으로 기원전 550년 전, 세계사에 이름을 올린 첫 번째 대제국 페르시아의 성립과 함께 **세계 최초로 '통화'가 출현**했다. 통화란 국가가 가치를 보증하고 강제로 유통한 돈이므로, 단순한 '화폐'와는 다르다.

기원전 3세기에 접어들자, 중화 세계를 통일한 진나라에서도 황제의 권력을 강화하기 위한 수단으로서, '반량전半兩錢'이라는 통화가 만들어졌다. 반량전이 등장한 이후부터 중국 통화의 역사가 시작되므로, 통화의 역사는 2,000년이 넘는 셈이다.

상업의 발달로 경제가 계속 팽창하자 동양과 서양, 두 세계에서는 은화와 동전이 눈에 띄게 부족해졌다. 그로 인해 '종이'가 통화의 재료로 선택되지만, 종이라는 재료 자체는 그다지 가치가 없는 까닭에 신용에 의한 '그럴듯한 가치'가 필요해졌다.

하늘에 있는 신(천제)의 대리인인 황제(천자)가 천하(세상)를 지배한다고 생각한 중국에서는 송나라 때, 관료가 종이로 된 통화(교자)를 발행했으며, 몽골인이 세운 원나라 때는 동전을 금지하고, 통화를 모조리 수탈하기 쉬운 지폐로 바꾸었다.

하지만 '금'과 '은'을 통화로 사용했던 이슬람 제국에서는 민간 상인이 어음과 수표로 신용 경제를 확장함으로써 부족한 통화를 보충했다. 이를 '어음 혁명'이라고 한다.

이슬람 세계의 '어음'은 지중해의 국제 상권에 보급되는 과정에서 여러 이탈리아 도시로 퍼져나갔다. 그리고 유대인 상인 등에 의해서 종교개혁 후 종교 전쟁 및 식민지 전쟁으로 해묵은 재정난에 시달리던 네덜란드와 바다 건너 영국에까지 전해졌다.

명예혁명Glorious Revolution 직후, 즉 17세기 말 영국에서는 프랑스와의 골이 깊어져가던 중에 국채(국가가 증권 발행 방식으로 빌린 돈)가 자리를 잡았고, 또 재정이 궁핍한 정부에 전쟁 자금을 빌려준 민간 상인(잉글랜드은행을 조직)이 지폐(불특정 다수를 대상으로 한 어음) 발행권을 획득했다.

이 책에서는 어음의 출현부터 영국에서 지폐가 등장하기까지, 수백 년간에 걸친 신용 경제의 성장을 연속적으로 파악해, '장기 어음 혁명'이라 평한다.

유럽 전체를 끌어들인 나폴레옹 전쟁1803~1815은 유럽을 '금융 시대'로 이끌었다. 전쟁이 끝난 후 영국에서는 **파운드 지폐가 법화**法貨가 되었으며, 잉글랜드은행은 통화 발행을 독점하는 **중앙은행**이 되었다. 법화란 법정 화폐로, 국가가 법으로 강제력을 부여한 화폐를 말한다.

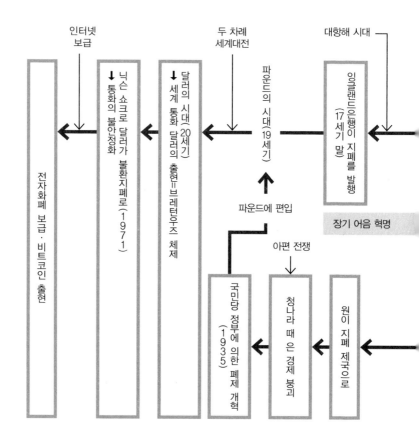

화폐의 두 갈래 흐름으로 보는 세계 역사

인터넷
보급

두 차례
세계대전

대항해 시대

전자화폐 보급 · 비트코인 출현

닉슨 쇼크로 달러가 불환지폐로(1971)
통화의 불안정화

달러의 시대(20세기)
세계 통화 달러의 출현=브레턴우즈 체제

파운드의 시대(19세기)

잉글랜드은행이 지폐를 발행(17세기 말)

장기 어음 혁명

파운드에 편입

아편 전쟁

국민당 정부에 의한 폐제 개혁(1935)

청나라 때 은 경제 붕괴

원이 지폐 제국으로

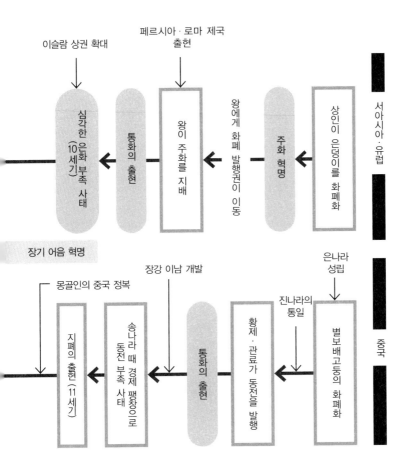

이슬람 상권 확대

페르시아 · 로마 제국 출현

서아시아 · 유럽

심각한 은화 부족 사태 (10세기)　←　통화의 출현　←　왕이 주화를 지배　←　왕에게 화폐 발행권이 이동　←　주화 혁명　←　상인이 은덩이를 화폐화

장기 어음 혁명

몽골인의 중국 정복

장강 이남 개발

은나라 성립

진나라의 통일

중국

지폐의 출현 (11세기)　←　송나라 때 경제 팽창으로 동전 부족 사태　←　통화의 출현　←　황제 · 관료가 동전을 발행　←　별보배고둥의 화폐화

19세기는 영국이 몽골 제국을 훨씬 능가하는 대규모 해양 제국을 건설한 시기다. 이런 까닭에, 19세기 후반에는 금본위제를 토대로 한 파운드 지폐가 세계 통화가 된다. **은화를 통화로 하는 시대에서 '금'으로 가치를 담보받은 지폐를 통화로 삼는 시대로 넘어간 것이다.**

화폐의 역사 ②:
달러, 불환지폐로 변하다

20세기 전반에 세계대전이 연거푸 일어나자, 영국을 비롯한 유럽은 잇달아 재정 파탄 상태에 빠졌다. 이 틈에 신흥국 미국이 대두, 미국의 통화인 달러 지폐가 전 세계 경제를 움직이게 되는데, 상황은 미국에 유리한 쪽으로 흘러갔다.

전환점이 된 사건은 1944년의 브레턴우즈 회의다. 이 회의로 유일하게 '금'과 교환할 수 있는 달러를 고정환율제에 따라 전 세계 통화 가치를 담보하는 통화로 삼는다는 장대하고도 야심 찬 계획이 실행에 옮겨졌다. 이 시스템을 **브레턴우즈 체제**라고 한다.

하지만 실제 미국에서는 브레턴우즈 체제를 유지하는 데 필요한 '금'이 절대적으로 부족했다. 전 세계에 퍼진 달러

지폐와 교환할 수 있을 만큼의 '금'을 미국이 보유하고 있다는 것은 환상에 지나지 않았다.

1971년 미국이 이와 같은 모순을 더는 버틸 수 없게 되자, 닉슨 대통령은 어쩔 수 없이 달러와 금의 교환 정지를 발표했다. 달러는 불환지폐로 변했고, 더불어 전 세계 통화가 각국의 중앙은행에 의해 가치를 보증받는 '휴지 조각'으로 변했다. 이 사건을 **닉슨 쇼크**라고 한다. 닉슨 쇼크에 따른 브레턴우즈 체제의 종말이 세상을 단숨에 불안정하게 만들어버린 것이다.

화폐의 역사 ③:
통화의 변질과 전자화폐, 비트코인의 등장

닉슨 쇼크 이후 현재에 이르는 반세기 동안은 경제의 격동기였다. 미국의 월가는 지금까지 '금'에 묶여 있던 달러를 남발하는 동시에 '**증권 혁명**'을 일으켜, 거품 경제를 부추겼다. 이를 통해 사람들은 **통화를 교환의 수단이 아닌, 투자의 수단으로서 더욱 중요하게 여기게 되었다.**

한편 1970년대 이후부터 보급되기 시작한 인터넷이 1990년대 이후 금융 거래의 중요한 매체로 떠오르면서, 인터넷이라는 복잡한 시스템을 바탕으로 한 전자화폐가 세계적 규모로 퍼졌다.

인터넷이 뒷받침하는 금융 경제가 새로운 시스템으로 정착할 것처럼 보였지만, 서브프라임 모기지Subprime mortgage(비우량 주택담보대출) 사태에서 비롯된 **리먼 쇼크** 2008로, 증권 경제는 깊은 상처를 남긴 채 붕괴했다. 현재는 리먼 쇼크 후, 기나긴 복구 과정에 있다.

이 같은 상황 속에서 2008년, '비트코인bitcoin'에 관한 논문이 인터넷에 실리면서, 블록체인Block Chain 기술을 응용하는 **비트코인**(가상통화, 암호화폐)에 이목이 쏠렸다. 인터넷 단말기로서의 '세계 통화'라고 선전하지만 투기 수단으로 이용되는 점을 제외하면, 영국과 미국에서 민간 업자가 지폐를 발행했을 때의 수법과 유사하다는 점을 명심해야 한다.

금융업자는 큰 수익을 기대할 수 있으므로, 이런저런 이유를 대거나 사행심을 부추기는 등 갖가지 방법을 동원해 비트코인을 정착시키려 안간힘을 쓰고 있다. 하지만 비트코인을 움직이는 인터넷이란 복잡한 시스템의 불투명성, 보안에 대한 불안감, '가치'를 누가(무엇이) 담보할지가 명확하지 않다는 점 등이 여전히 숙제로 남아 있다. 파운드와 달러를 능가하는 '세계 통화' 시스템 구축이 고작 수년 안에 가능한 일인지도 신중히 고려해봐야 할 문제다.

격변하는 국제 정세를 이해하기 위해서

문명이 시작된 지 5,000년이 흘렀지만 그동안 세계가 어떻게 변화해왔는지를 알기 쉽게 설명하기란 매우 어려운 일이다.

지금까지는 세계사라고 하면 국가·민족·이념 등을 기준으로, 유럽의 관점에서 서술된 세계사를 배웠다. 그러나 유럽에 시점을 고정한 채로 전쟁이나 외교 등을 다루는 세계사로는 총체적인 역사 과정을 이해하기 어렵다.

현대 사회에서 통화는 최강의 무기다. 즉, 경제와 통화의 변화만큼 중요한 문제도 없다.

다시 한번 강조하지만 현대 사회의 토대를 이루는 것은 통화와 그 배경에 깔린 통화 시스템이므로, 이를 언급하지 않고 세계사를 조망하기란 불가능하다.

숨 가쁘게 변화하는 국제 정세를 이해하고, 자신의 입지를 잃지 않으며, 미래를 예측하기 위해서라도 통화의 현재 상황과 역사를 바탕으로 세상을 더욱 냉철하게 인식해야 한다. 이 책이 여러분이 세상을 인식하는 데 조금이라도 도움이 된다면 기쁘겠다.

미야자키 마사카쓰

들어가며: 돈의 역사를 되짚어가면 세상을 보는 눈이 바뀐다 004

제1장 4,000년 전,
상인이 '화폐'를 처음 유통하다 021

- 통화 이전의 '화폐'는 어떤 모습이었을까
- '금'이 이집트에서 '화폐'가 될 수 없었던 이유
- 메소포타미아에서 최초로 사용된 화폐, '토큰'
- 은덩이가 화폐로 정착한 이유
- "매사를 은으로 해결하라"

제2장 번거로운 화폐에서 간편한 화폐로!
'통화'를 출현시킨 주화 혁명 033

- 주화라는 획기적 발상으로 '화폐'가 대량으로 유통되다
- 화폐 발행만큼 떼돈을 버는 장사도 없다
- 미다스 왕의 황금 설화와 아리스토텔레스의 화폐관
- 통화로 지배력을 공고히 한 최초의 제국, 페르시아
- 페르시아 제국에서 연간 36.7톤의 은이 통화가 되다
- 알렉산드로스가 '자신의 얼굴'을 주화에 새긴 이유
- 로마에서 '샐러리'와 '머니'가 탄생하다
- 질 낮은 은화를 발행해 자멸한 로마 제국

제3장 중화 세계의 화폐는 왜 금·은이 아닌
'값싼 동전'이었나   051

- 경제·재정 관련 한자에는 '조개'가 숨어 있다
- 값싼 동전을 대량 발행해 경제의 주도권을 잡은 시황제
- 중국 동전에 '구멍'이 뚫린 이유
- 황제 지배의 상징, 동전

제4장 이슬람 세계의 '어음'이
유럽에서 '지폐'가 되다   061

- 우마이야 왕조가 발행해 널리 유통한 알라의 주화
- 이슬람 상인이 시작한 '아시아의 대항해 시대'
- 경제 팽창에 따른 '은 부족' 사태로 어음·수표가 발달하다
- '장기 어음 혁명'을 거쳐 유럽에서 지폐가 탄생하다
- 어음의 재료가 되는 '종이'는 언제 전해졌을까
- 호황기에 가장 큰돈을 버는 사람은 금융업자
- 이탈리아 경제를 비약적으로 발전시킨 이슬람 계산법

제5장 원나라가 유럽보다 먼저
'지폐 제국'이 된 이유   079

- 불편한 동전 대신 개발된 송금 어음 '비전'
- 북송에서 세계 최초로 지폐가 출현한 까닭
- 세계 최초로 지폐 제국이 된 '원'

제6장 16세기, 신대륙의 '은'이
구대륙에 끼친 절대적 영향 089

- 대항해 시대, '은'이 동식물과 함께 이동하다
- 구대륙의 심각한 은 부족 사태를 해결한 신대륙의 은
- 대량의 은이 유럽에 가져온 변화
- 신대륙의 은으로 아시아 경제가 활기를 띠다
- 세계 은화 '멕시코 달러'에서 유래한 원·위안·엔

제7장 장기간의 영불 식민지 전쟁으로
'국채'와 '지폐'가 등장하다 101

- 청어 덕분에 탄생한 해운 강국 네덜란드
- 네덜란드 동인도회사가 '초고배당'이었던 이유
- '넘쳐나는 돈'이 튤립 버블을 일으키다
- 스페인의 재정난이 무적함대를 함몰시키다
- 영국 제일주의로 네덜란드를 무너뜨린 크롬웰
- 명예혁명 이후 영국에서 국채가 정착한 이유
- 어떻게 민간 잉글랜드은행이 지폐를 발행할 수 있었을까
- 프랑스와 미국에서도 민간 상인이 지폐를 발행하다
- 금본위제, 유럽의 기준이 되다
- 불환지폐와 국채를 연동하려 한 존 로
- 남해 포말 사건도 국채가 얽혀서 일어난 버블

제8장 '은화'에서 '지폐'의 시대로
통화 시스템을 재편성한 영국　　131

- 미국 독립 전쟁은 선술집에서 시작됐다?
- 환대서양 세계가 직면한 변화
- 인플레이션으로 시작해 초인플레이션으로 끝난 프랑스 혁명
- 나폴레옹 전쟁을 계기로 '금융의 시대' 연 로스차일드
- 영국은 어떻게 파운드 지폐의 신용도를 높여 통화로 만들었을까
- "은본위제를 타도하라!" 영국이 감행한 대모험
- 금본위제 보급으로 지폐의 시대가 열리다
- 영국의 통화 '파운드'로 보는 은본위제의 흔적
- 대불황을 발판 삼아 세계의 공장에서 '세계의 은행'으로
- '금' 소유욕이 일으킨 보어 전쟁
- 아편으로 무너진 청나라의 '은 경제'

제9장 민간 은행이 난립했던 신흥국 미국에서
중앙은행이 설립되기까지　　161

- 7,000종의 지폐와 713개의 은행
- 남북 전쟁 후, 미국 경제가 폭발적으로 성장한 이유
- 링컨이 암살된 이유는 민간 은행의 눈 밖에 났기 때문이다?
- 금융 위기에서 미국을 구해낸 대부호 J.P. 모건
- 파운드와 달리 금과의 태환을 보증받지 못한 달러

제10장 '파운드'에서 '달러'의 시대로　177

- 유럽의 쇠락과 미국의 부상
- 월가는 왜 전쟁에 진 독일을 구했을까
- 미국에서 시작된 신자본주의와 T형 포드
- 자동차 사회가 만들어낸 '체인점 시대'
- 미국의 주식 버블 붕괴가 금융 공황으로
- 대공황을 일으킨 미국 제일주의
- 열강의 기회주의로 두 차례 세계대전이 일어나다
- 중국이 은본위제에서 금본위제로 전환하다
- 세계대전 이후를 내다본 미국의 놀라운 경제 전략
- 브레턴우즈 체제라는 세기의 허풍

제11장 불환지폐에 익숙한 세계가 전자화폐로 더욱 팽창하다　203

- 구조적 모순을 안고 있던 달러의 패권
- 달러를 금과 교환하지 못하게 되다
- 석유로 달러를 지키자
- 이중 구조가 된 돈과 '증권 혁명'
- '글로벌 경제'가 시작된 까닭
- '엔화 강세'에 따른 토지 버블로 급속히 후퇴한 일본 경제
- 달러 강세로 전환되면서 통화 위기를 겪은 아시아
- 미국과 중국은 윈-윈 관계였을까

- '자기중심적 통화' 달러에서 자립하고 싶었던 유럽연합
- 리먼 쇼크로 '증권 혁명'이 좌절되다
- 중국이 추진하는 '일대일로'의 목표
- IT 시스템은 단말기 전자화폐를 원한다

제12장 '비트코인'이 '통화'가 될 수 없는
세계사적 이유   235

- 비트코인은 정말 '혁명적'일까
- 사적으로 만들어지므로 공공성을 바랄 수 없다
- 2013년의 키프로스 위기로 단숨에 주목받다
- 중국 부호가 대량으로 매수한 이유
- 블록체인 기술은 통화의 개념을 바꿀까

참고문헌 249

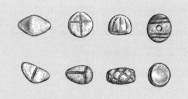

제1장

4,000년 전,
상인이 '화폐'를 처음으로
유통하다

금속을 뜻하는 '메탈'은 '달'을 의미했다.
사람들은 금속 중에서 은을 달과 가장 가깝다고 여겼는데,
본래 서아시아에서 '달'은 차고 이지러짐에 따라
'시간'의 경과를 알려주는 신비한 존재이자
영원성의 상징이었다.

통화 이전의 '화폐'는 어떤 모습이었을까

통화는 기원전 6세기, 즉 4대 문명이 시작되는 시기(약 5,000년 전)와 현재의 꼭 절반쯤 되는 시기에 출현했다. 이런 까닭에 우선, 통화가 탄생하기 이전의 '화폐'의 역사를 간단히 살펴보자.

물품의 교환은 처음에는 소박한 물물교환으로, 교환이 이루어질 때마다 생활에 필요한 물품 자체가 '교환증(화폐)'의 역할을 했다. 애초에 화폐는 이렇게 시작되었으며, 상황에 따라 보리, 대추야자 열매, 직물 등을 사용했다. 바로 **물품화폐**다.

물품의 교환은 처음에 작은 촌락, 부족과 같은 공동체 내부에서 이루어졌지만 머지않아 공동체 외부로 확대되었다. 농민과 목축민 사이에 교환이 시작된 것이다.

세계사의 첫 번째 무대가 된 서아시아에서 황허강 중류 지역에 이르는 건조 지대의 곡물을 생산하는 농지 주변 황야나 초원에는 보리를 생산하지 못하는 목축민이 많이 살았다. 이들은 **보리를 얻지 못하면 생존할 수가 없었다.** 즉, 농민과 목축민 사이에는 교환이 활발하게 이루어질 수밖에 없었다.

넓은 지역에서 물물교환이 성행하자 농민과 목축민이 원활하게 교환하도록 도와주는 '상인'이 출현했다. 상인은 여행을 하며 양자를 중개했으므로 ① 소지하기 편하고, ② 부패하지 않아 '가치'가 안정되어 있으며 ③ 농민과 목축민 모두 받기를 거부하지 않는 '교환증'이 필요해졌다.

이에 등장한 것이 바로 '화폐'다. 서아시아에서는 **은 조각(은덩이)**을, 황허강 중류 지역에서는 별보배고둥 껍데기를 화폐로 사용했다. 그런데 어째서 은덩이와 별보배고둥 껍데기가 화폐로 선택된 것일까?

먼저, 서아시아에서 은덩이를 사용하게 된 이유부터 살펴보자.

금속을 뜻하는 '메탈metal'은 그리스어의 '메탈론métallon'에서 파생된 말이나, 본래 '달'을 의미했다고 한다. 사람들은 금속 중에서 은을 달과 가장 가깝다고 여겼다. 그리스 신화에 등장하는 달의 여신 아르테미스는 백마가 끄는 은 전차를 타고 밤하늘을 달리며, 은 활을 당겨 은빛 화살을 쏜다고 전해진다.

본래 서아시아에서 '달'은 차고 이지러짐에 따라 '시간'의 경과를 알려주는 신비한 존재이자 영원성의 상징이었다. 상인은 누구나 우러러볼 수 있는 '달'과 연관 지어 도시민, 농민, 목축민에게 은덩이를 팔아넘겼을 것이다. 그러나 실제로 은덩이는 일상생활에 거의 도움이 되지 않는다. 멋진 외양과 희소성이 '가치 있다는 환상'을 만들어냈을 뿐이다. 달의 이미지를 담고 있는 은덩이는 교환 시에 물품의 '교환증'으로서 물품 순환을 관장하게 되었다.

한편, 동아시아에서는 남중국해에 서식하는 자그마한 별보배고둥 껍데기가 화폐의 역할을 했다. 별보배고둥 껍데기는 여성의 생식기와 출산을 떠오르게 하는 까닭에, 대가족이 중심이 되어 조를 재배했던 황허 문명에서는 일족의 번영, 재화 축적, 풍요를 상징하는 행운의 물품으로 귀한 대접을 받았다.

유라시아의 동서를 막론하고 **화폐의 역할을 하는 물품에는 다수가 납득하기에 충분한 종교성, 신비성, 주술력이 필요했다**는 사실을 알 수 있다.

'금'이 이집트에서 '화폐'가 될 수 없었던 이유

문명 탄생기에 '금'은 이집트의 특산품이었는데도 정작 이 집트에서는 오랜 세월 화폐로 사용되지 않았다.

금이 적게 생산된 탓도 있지만, 가장 큰 이유는 메소포타미아에서처럼 농민과 목축민 사이에 대규모 교환이 이루어지지 않았기 때문이다. 이집트는 사막과 바다로 둘러싸인 폐쇄적인 농업 사회였기 때문에 단순한 물물교환이 오랜 기간 이어졌다.

이집트에서는 홍수가 발생해 나일강이 범람하면, 주변의 광대한 토지가 푸른 들판으로 변하는 덕분에 아무런 문제 없이 사회가 돌아갔다. 이집트인에게는 거대한 피라미드를 건설하는 토목 기술이 있었지만 나일강의 은혜로운 홍수에만 의존했으므로, 이집트에서는 관개망을 건설하거나 보수를 담당할 만한 도시(도시다운 도시는 멤피스, 테베 등으로 한정)가 발달하지 못했다. 즉, 이집트는 '거대한 농촌'이나 마찬가지였다.

나일강 상류의 누비아 지방(아스완에서 수단에 이르는 지역)에서 대량으로 산출된 '금'은 고대 세계의 금 산출량의 90퍼센트에 달했으나 '태양신과 마찬가지로 자신의 몸이 금으로 되어 있다'고 주장한 파라오(왕)가 독점했다. 금은 금괴ingot

형태로 관리되어 파라오의 몸과 그 주변을 장식하는 도구 및 장식품으로 가공되었다. 이런 이유로 **금은 화폐가 되지 못한 채 계속 권위와 종교를 상징하는 재화에 머물렀다.**

젊은 나이에 병으로 세상을 떠난 신왕국 시대(제18~20대 왕조로 기원전 16~11세기—옮긴이)의 파라오, 투탕카멘(기원전 14세기)의 미도굴 무덤에서 약 11킬로그램의 황금 마스크를 비롯해 110킬로그램에 달하는 황금 부장품이 출토되었는데, 이는 고대 이집트에서 '금'이 단지 파라오의 체면을 유지하기 위한 사치품이었다는 사실을 말해준다.

메소포타미아에서 최초로 사용된 화폐, '토큰'

농업용수를 터키 동쪽에 있는 고산의 눈 녹은 물에 의존했던 메소포타미아(현재의 이라크)에서는 '물'이 심각하리만치 부족했던 탓에 제방, 수로, 저수지를 건설하는 토목 공사가 활발하게 이루어졌다. 이로 인해 공사를 담당하는 도시가 각지에 건설되었다.

도시국가에서는 신관이 달력을 기준으로 농작업을 지휘했으며 밭은 '도시의 수호신'으로 간주되었다. 즉, 왕이나 상인이 아닌 신전이 도시 경제를 관리했다. 신전은 농민이 수확한 보리를 거두어들여 신전 창고에 보관하고 농민에게는 보리와 동등한 가치를 지닌 '보관증'인 **토큰**token을 발급해주었던 듯하다. 토큰은 기하학 무늬가 새겨진 점토판이다.

본래 토큰은 도시국가의 형성기부터 많이 만들어졌던 2센티미터쯤 되는 기하학 형태의 점토 제품으로 신전 창고의 물품 관리, 출입고 관리, 교환 등에 사용되었으리라 추측된다. 하지만 지금으로부터 5,000년쯤 전에는 토큰의 개수가 아닌, 점토에 꾹 눌렀을 때 생긴 형태로 물품의 수량을 나타낸 것으로 보인다. 실제 상황을 정확히 알기는 어려우나, 도시 내부에서 신전이 발행하는 토큰이 보리 등의 '교환증' 역할을 하게 되었다고 보아도 무리는 아니다.

단, 토큰은 어디까지나 공동체 내에서 통용되는 화폐로, 한정된 사람들 사이에서만 사용되었다. 보리는 장기간 보관하면 품질이 떨어지는 까닭에 토큰도 시간이 흐르면서 가치가 떨어졌다는 설도 있다.

토큰은 본래 물품과의 '교환증'이었다. 따라서 신전 입장에서는 장부를 토대로 토큰을 발행해 보리와 교환했다는 사실만 보증할 수 있다면 무른 점토판으로 만들어졌든 그렇지 않든 상관이 없었다. 참고로 토큰은 공동체 밖에 있던 목축민 등에게는 아무런 가치도 없었다.

2센티미터쯤 되는 기하학 형태의 점토 제품

약 5,000년 전에 토큰의 개수가 아닌 점토에 꾹 눌렀을 때 나타나는
형태에 따라 물품의 수량을 표현했다.

토큰＝교환증이자 공동체 내에서만 통용되는 '화폐'

은덩이가 화폐로 정착한 이유

상인에게 있어 보리를 원하는 목축민은 놓쳐서는 안 되는 손님이었다. 따라서 누구나 인정하는 교환증, 즉 화폐가 필요해진 상인은 여러 번의 시행착오 끝에 '달'을 본떠 만든 은덩이를 사용하게 된다.

앞에서 설명했듯이 은이 발하는 하얀 빛은 '달빛'을 떠오르게 했으므로 도시민과 목축민 모두 은덩이를 차츰 특별한 물품으로 여기기 시작했다. **하늘에 뜬 커다란 시계인 달이 하늘에서 내려와 물품의 순환에 질서를 부여한다**고 생각한 것이다.

서아시아 경제를 지배했던 시리아 상인은 지금으로부터 약 4,000년 전에 아나톨리아반도(현재의 터키)의 은을 찾아낸다. 상인은 유통 기한이 없고(부패하지 않고), 가치가 변하지 않는 은덩이(금속 화폐) 덕분에 넓은 지역에서 안정적으로 물건을 교환할 수 있었다. **은은 자연에서 채굴되는 양이 적고, 번거로운 제련 과정을 거쳐야 한다는 점**도 상인이 은덩이를 비싼 값에 팔아넘기는 데 유리하게 작용했다.

처음에는 은덩이를 주머니에 담아 무게로 거래했으리라 추측되지만, 머지않아 '세겔Shekel'이라는 무게 단위에 따라 거래하게 되었다. 이 시스템을 만든 사람도 상인이다. 유통

기한이 없고 언제든지 사용할 수 있는 은이 축적되자, 지배
층은 은덩이를 이용해 자신들의 지위를 공고히 해나갔다.

"매사를 은으로 해결하라"

메소포타미아에서 은덩이는 세겔(밀 180알의 무게, 실제로는
8그램이 조금 넘음)과 그 60배인 미나(약 500그램)라는 단위로
거래되었다.

60진법을 사용한 데에서 드러나듯이 메소포타미아에서
는 동서남북, 여기에 하늘과 땅을 더한 '6'을 '만물'을 의미
하는 성스러운 숫자로 여겨 이를 기준으로 삼았다. 유대교
의 경전《토라》에 신 야훼가 6일간 천지를 창조하고 7일째
에 휴식을 취했다(안식일)는 기록 또한 이 같은 사상을 바탕
으로 한다.

또 당시에는 배수가 숫자의 힘을 강화한다고 생각한 까
닭에, 1세겔의 60배를 1미나로 정했다. 참고로 1세겔은 당
시 노동자의 한 달 수입 정도였으리라 추측된다.

'함무라비 법전(고대 바빌론의 함무라비 대왕이 제정한 인류 최초의 성문법—옮긴이)'은 "눈에는 눈 이에는 이"라는 동일 피해 보복 원칙으로 유명하나, 이는 귀족들 사이에서만 적용된 원칙으로, 귀족과 평민 간에 발생한 사건은 모두 은(돈)으로 해결했다. 그야말로 돈이면 무엇이든 다 되는 세상이었다.

함무라비 법전은 귀족이 평민의 뼈를 부러뜨렸을 때는 은 1미나(약 500그램), 이를 부러뜨렸을 때는 은 3분의 1미나(약 167그램)를 지급하면 된다고 규정하고 있어, 고대 메소포타미아는 은덩이 값으로 사회의 질서를 유지할 만큼 은이 보급된 사회였음을 알 수 있다. 참고로 '세겔'이란 명칭은 오늘날에도 이스라엘의 화폐 단위에 여전히 남아 있다.

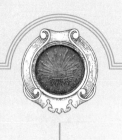

제2장

번거로운 화폐에서 간편한 화폐로! '통화'를 출현시킨 주화 혁명

"리디아인은 우리가 아는 한,
금과 은으로 돈을 만들어 사용한 최초의 민족이며,
소매 제도 역시 그들이 가장 먼저 시작했다."

헤로도토스

주화라는 획기적 발상으로 '화폐'가 대량으로 유통되다

교환할 때마다 무게와 품질을 재야 하는 은덩이를 어떻게 하면 교환하기 쉬운 형태로 만들 수 있을까? 이 문제는 고대 사회가 해결해야 할 큰 숙제였다. 또 이집트의 '금'이 드디어 돈으로 유통되기 시작하자, 금덩이와 은덩이를 어떻게 교환해야 할지도 문제가 되었다(일단 1:13.5라는 교환 기준이 만들어졌다).

이 같은 상황 속에서 기원전 7세기, 금·은의 산지였던 터키 서부 리디아에서 새로운 움직임이 나타난다. 금과 은이 아닌 금과 은의 자연 합금, '일렉트럼electrum(호박금)'으로 주화(일렉트럼 주화)를 만든 것이다. 주화가 탄생한 이유는 분명하지 않지만 그 재료에 주목해보면, 일렉트럼으로 금과 은을 통합하려 한 듯하다. 단, 일렉트럼의 산출량이 극히 적고 금과 은을 섞는 방법도 균일하지 않았던 탓에 이 시도는 실패로 끝났다. 일렉트럼 주화는 메달이나 훈장 등으로 사용된 것으로 추측된다.

다음 움직임은 기원전 6세기 중반 또다시 리디아에서 나타난다. **크로이소스**Kroisos, 기원전 596~546라는 왕이 주화 양식에 착안해 금과 은으로 만든 주화(금화, 은화)가 큰 성공을 거둔 것이다. 크로이소스는 앞면에 사자의 문장을, 뒷면에는 무게와 보증의 표식을 새긴, 무게가 같고 품질이 균일한 주화를 발행했다. '품질과 무게를 통일하고 각인을 넣었을 뿐'이라고 생각할지도 모르지만, **화폐의 생명은 신용, 그리고 사용하기 편한 정도다.** 주화의 출현으로 화폐는 거래할 때마다 무게와 품질을 확인해야 하는 번거로운 것에서 '개수를 세기만 하면 되는' 간편한 것으로 바뀌어 단숨에 널리 퍼져나갔다.

주화에 새겨진 문장과 각인이 화폐가 지닌 신용의 근거가 되었으므로 왕은 가치를 측정하고 보증하는 '가치의 창조자'로 간주되었고, 화폐의 발행자로서 막대한 부를 손에 넣었다. **상인 대신 왕이 화폐를 발행하고 그 형태가 균일해지면서 화폐의 발행량이 폭발적으로 증가한 사건을 '주화 혁명'이라고 한다.**

돈의 흐름이 보이는 포인트 ②

기원전 6세기, 터키 서부에서 주화가 보급됨으로써 '주화 혁명'이 일어났다.

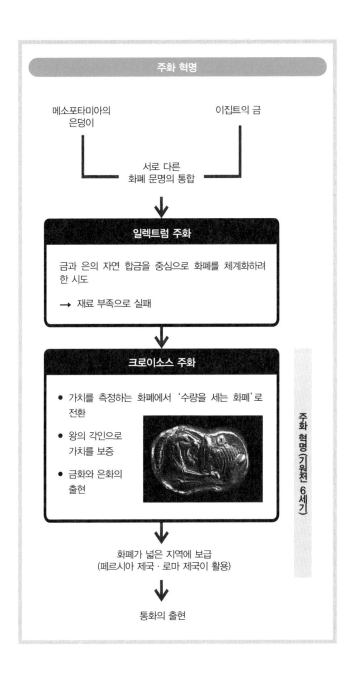

주화 혁명

메소포타미아의
은덩이

이집트의 금

서로 다른
화폐 문명의 통합

일렉트럼 주화

금과 은의 자연 합금을 중심으로 화폐를 체계화하려
한 시도

→ 재료 부족으로 실패

크로이소스 주화

- 가치를 측정하는 화폐에서 '수량을 세는 화폐'로
전환

- 왕의 각인으로
가치를 보증

- 금화와 은화의
출현

화폐가 넓은 지역에 보급
(페르시아 제국 · 로마 제국이 활용)

통화의 출현

주화 혁명(기원전 6세기)

화폐 발행만큼 떼돈을 버는 장사도 없다

'주화 혁명'을 주도한 리디아의 왕 크로이소스. 그가 만든 금화와 은화는 각지에서 큰 환영을 받아 단기간에 상업을 제패했고, 크로이소스 왕은 덩어리일 때보다 훨씬 비싼 값에 주화를 팔아 막대한 발행 이익을 챙겼다. 그야말로 불로소득이다.

참고로 주화 발행으로 얻는 이익(발행 이익)을 '시뇨리지 seigniorage'라고 하는데, 이 말은 주화 발행권이 중세 유럽 영주(시뇨레)의 특권이었던 데에서 유래했다. 크로이소스 왕이 시작한, 지배자가 주화에 각인을 넣어 '가치'를 보증한다는 간단한 돈벌이는 세계 각지의 황제, 왕, 귀족에게로 이어져 그들의 '생계 수단'이 되었다.

주화는 한 곳에서만 발행되었으므로 크로이소스 왕은 서아시아와 동지중해 경제의 지배자로서 막대한 부를 쌓았다. 고대 페르시아어·그리스어에서 '크로이소스'가 대부호를 의미하는 보통명사가 된 데에는 이러한 사정이 있는 것이다. 현대 영어에도 '크로이소스 같은 부자rich as Croesus'라는 표현이 있다.

지금으로부터 150년 전에 '지폐 시대'로 이행할 때까지 약 2,000년간은 기본적으로 왕과 귀족이 주화를 만들어 막대한 수입을 올린 시대였다. 왕이나 황제가 특권으로서 '경제의 혈액'을 사회에 끊임없이 공급했던 것이다.

상인 출신인 고대 그리스의 역사가 헤로도토스Herodotos, 기원전 484?~425? 역시 주화에 착안해, "리디아인은 우리가 아는 한 금과 은으로 돈을 만들어 사용한 최초의 민족이며, 소매제도 역시 그들이 가장 먼저 시작했다"라고 기록했다.

주화는 그전까지 덩어리로 거래할 때마다 늘 따라다니던 번거로움('시금석'으로 귀금속의 순도를 조사하고 무게를 재는 등)을 덜어주었고, 돈이 원활하게 흐르는 시스템을 만들었다는 점에서 매우 획기적이었다.

미다스 왕의 황금 설화와 아리스토텔레스의 화폐관

그러고 보니 리디아의 팍톨로스강에 사금이 많다는 사실을 말해주는 설화에 미다스 왕의 이야기가 있다.

미다스 왕은 디오니소스 신의 양아버지를 구해준 덕분에 자신의 손에 닿는 것은 무엇이든 '황금'으로 변하게 하는 능력을 얻게 된다. 의기양양해진 미다스 왕은 처음에는 돌멩이나 나뭇가지 등을 황금으로 바꾸며 즐거워했지만, 얼마 안 가 먹으려 했던 빵이나 자신의 손길이 닿은 딸마저 금으로 변해버리자 크게 당황했다. 생활 자체가 불가능해져버렸기 때문이다.

미다스 왕은 자신의 어리석음을 깨닫는다. 결국 배고픔에 몸부림치는 왕을 가엾게 여긴 디오니소스 신은 미다스 왕에게 강에 들어가 머리와 몸을 담그라는 명령을 내렸다. 왕의 몸이 강물에 닿자 만물을 '황금'으로 바꾸는 능력이 강으로 옮겨가 강의 모래가 사금으로 변했다. 부와 사치를 부끄럽게 여긴 미다스 왕은 시골로 내려갔고, 이후로는 자연의 신, 판을 숭배했다고 한다. 황금만능주의를 경계하는 흥미로운 이야기다.

그리스의 철학자 아리스토텔레스는 《정치학》에서 미다스 왕의 이야기를 인용해, 주화는 처음에 단순히 물물교환을 편하게 하기 위한 수단에 불과했지만, 돈 버는 기술이 더해지면서 주화를 모으는 일 자체가 목적이 되었다고 지적했다. 그는 재산을 획득하는 방법을 '가정살림술'과 '상업술'로 구분해, 분수에 넘치는 부를 갈망하는 상업술을 부정적으로 보았다.

그리스에서는 주화를 '**노미스마**nomisma'라고 불렀는데, 노미스마는 법을 의미하는 '노모스nomos'와 같은 뿌리에서 나온 말로, 인위적(노모스)으로 만들어진 것이란 의미를 내포한다. 교환과 유통을 원활하게 하려는 목적에서 생겨난 주화가 '공정함'이라는 옷을 걸친 '도구'였던 까닭이다.

통화로 지배력을 공고히 한 최초의 제국, 페르시아

기원전 6세기, 말이 끄는 경전차를 타고 이란고원(한반도의 약 15배로 80퍼센트는 사막과 황야) 밖으로 진출한 유목계 이란인이 **세계 최초의 제국 아케메네스 왕조**(페르시아 제국, 기원전 550~330)를 세웠다. 이 제국은 리디아를 정복함으로써, 갓 세상에 나온 따끈따끈한 주화와 주화의 유통 시스템을 통치에 도입하게 된다.

페르시아 제국은 강력한 군사력으로 기원전 6세기 중반에 이집트, 메소포타미아, 인더스를 통합해 약 200년간 지배했는데, 이때 주화를 지배의 수단으로 받아들여 제국의 통화로 삼았다. **통화란 정치화된 돈으로 지배자가 가치를 정해 영토 내에 강제로 유통한 돈**을 말한다.

통화는 이를 발행하는 페르시아 왕에게 막대한 이익을 안겨주었을 뿐 아니라 제국의 재정을 공적 시스템인 양 착각하게 하는 데 큰 역할을 했다. 이로 인해 이후 많은 나라가 페르시아 제국의 전례를 따라 통화를 통치에 이용하게 된다.

아케메네스 왕조 페르시아의 최대 영역

돈의 흐름이 보이는 포인트 ③

기원전 6세기, 페르시아 제국에서 처음으로 통화가 출현했다.

페르시아 제국에서 연간 36.7톤의 은이 통화가 되다

아케메네스 왕조는 세금을 은덩이로 징수한 다음, 이 은덩이를 리디아에 보내 '통화'인 주화로 만들어 조직적으로 유통했다.

최전성기의 왕 다리우스 1세Darius I, 기원전 550~486는 전쟁 도구를 든 왕의 모습을 새긴 다레이코스dareicos 금화(약 8.4그램), 시글로스siglos 은화(약 5.4그램)를 만들게 했다. 헤로도토스가 《역사》에서 "다리우스는 가능한 한 순수한 금으로 주화를 발행했다"고 기록했듯이, 페르시아 제국은 왕이 지닌 권위의 상징으로서 품질이 뛰어난 주화를 만들었다.

제국은 각지의 사트라프Satrap(지방 장관)에게 세금으로 주화의 원료인 금과 은을 징수하게 한 다음, 이를 항아리에 담아 왕궁 지하에 보관했다. 그리고 순차적으로 주화를 만들어 유통했다. 헤로도토스의 기록에 따르면 페르시아 왕이 나일강 유역에서 인더스강 유역에 이르는 지배 영역으로부터 조세로 징수한 은은 무려 연간 36만 7,000킬로그램에 달했다고 한다.

통화의 보급은 제국 시스템이 일상생활에 침투하는 데 도움을 주었다. 물건의 '교환증'이었던 주화는 제국을 통합하는 효과적인 도구로도 힘을 발휘한 셈이다.

알렉산드로스가 '자신의 얼굴'을 주화에 새긴 이유

기원전 330년 페르시아 제국은 마케도니아의 왕 알렉산드로스Alexandros the Great, 기원전 336~323의 공격으로 멸망했다. 20세 때 동방 원정에 나선 알렉산드로스는 페르시아 제국을 정복하면서 대량의 귀금속 덩어리를 몰수했고, 주화를 무명 지도자의 지명도를 높이기 위한 선전 도구로 이용했다.

대페르시아 제국의 후계자가 자신이란 사실을 널리 알리는 데는 서민의 생활 곳곳에 침투해 있던 주화만큼 효과적인 수단도 없었다.

술고래였던 알렉산드로스는 32세에 바빌론에서 삶을 마감하지만, 페르시아 제국과 그리스의 통화 제도를 본떠 드라크마drachma 은화(4그램)를 중심으로 한 수십 종류의 금화와 은화를 발행했고, 주화에 자신의 얼굴을 새기게 했다. 나르시시스트였던 왕은 외모에 각별히 신경 쓴 나머지 특별히 선발된 장인에게만 일을 맡겼다고 한다.

주화를 권력 교체를 선언하는 도구로 이용하려 했던 알렉산드로스의 계획은 큰 성공을 거뒀다. 그 여파는 오늘날까지 이어져 알렉산드로스는 지금도 큰 인기를 누리고 있다. 알렉산드로스 제국의 주화 양식은 로마 제국, 파르티아 등의 여러 나라로 계승되었다.

로마에서 '샐러리'와 '머니'가 탄생하다

알렉산드로스가 젊은 나이에 세상을 떠나자 알렉산드로스의 제국은 무너져 여러 왕조로 분열된다.

동지중해의 상업을 지배했던 그리스 상인은 경쟁 상대인

페니키아인을 배제하고 패권을 확립하기 위해서 이탈리아 반도의 도시국가 로마의 무력을 이용했다. 이때 로마는 동지중해 변방의 작은 도시국가였지만 점차 세력을 키워 기원전 1세기 말에는 지중해 주변에 **세계 최초의 해양 제국(로마 제국)**을 수립하기에 이른다. 동지중해 서쪽 변방의 초라한 군사 세력이었던 로마가 그리스 상인과 손을 잡음으로써 비로소 두각을 나타낸 것이다.

도시국가 로마의 역사는 상업 민족인 에트루리아인이 티베르강 하구에 소금을 운반하기 위한 중계 도시를 만들면서 시작되었다. 하지만 기원전 640년, 로마는 에트루리아인의 소금에 의존하기를 멈추고 강 건너편 오스티아에 얕은 연못을 만든 후 바닷물을 퍼올려 햇볕에 말리는 제염소를 짓는다.

오스티아의 소금은 티베르강을 통해 이탈리아반도 각지로 운반됨으로써 로마가 자립하는 데 도움을 주었다. **공화정 로마의 경제 기반은 '소금(라틴어로 sal)'**이었던 셈이다. 참고로 우리에게 익숙한 음식인 샐러드salad도 'sal'에서 파생된 말이다.

로마는 국가 발전을 뒷받침했던 중장 보병(로마의 도시민으로 구성)에게 급여의 일부로서 소금 덩어리salarium를 현물로 지급했다. 나중에 소금을 사기 위한 돈이 지급되자 이를 샐

라리움 아르겐튬salarium argentum('소금을 위한 은화'라는 뜻)이라 불렀고, 시간이 흐르면서 '샐러리salary'로 축약되었다.

샐러리는 훗날 여러 가지 생필품을 사기 위한 '급여'를 의미하는 말이 되었으며, 일본에 들어와 샐러리맨salaried man(급여 생활자)이란 일본식 조어로 재탄생했다.

돈을 의미하는 영어 단어 '머니money'도 로마에서부터 유래했다. 로마 제국은 페르시아 제국과 마찬가지로 돈의 발행권 및 주조권을 독점함으로써 개인이 사적으로 주화를 만들지 못하게 했다. '머니'는 제국이 독점해서 발행하는 통화란 뜻으로, 그 어원은 주노 여신의 별명인 '모네타moneta'에 있다. 즉, **로마 제국은 모네타, 즉 '머니' 여신의 신전에 주화를 제조할 독점권을 준 것이다.**

그럼 모네타 신전이 독점적 화폐 주조소가 된 이유는 무엇일까. 고대에는 일반적으로 경제를 집안 살림과 동일시했는데, 이는 로마 제국에서도 마찬가지였다. 재정財政을 집안 살림家政으로 간주한 까닭에 오직 최고신인 주피터 신의 아내, 주노 여신만이 주화 제조에 관여하게 된 것이다. 물론 신의 권위로 주화의 '신용'을 강화하려는 의도도 있었다.

질 낮은 은화를 발행해 자멸한 로마 제국

1세기 말, 로마 제국의 정복 활동은 일단락되지만 시민권을 가진 몰락한 병사의 자손을 부양하기 위해서는 막대한 재정 지출이 불가피했다. 오늘날로 치면 사회보장비가 불어난 셈이다.

하지만 원정을 멈춰 전리품이 끊긴 데다가 기원전 167년에 접수한 마케도니아의 은 광산에 매장된 은이 고갈되자 돈을 지급하기가 어려워졌다. 로마 제국은 조세 수입이 지출의 70~80퍼센트에 불과할 만큼 적었으므로 만성적인 재정난에 허덕였던 것이다.

이런 까닭에 로마 제국은 주화 공급량을 늘리려 은 함유량을 줄였고, 그 바람에 주화의 질은 점점 더 떨어졌다. 주화 가격이 하락해 인플레이션이 진행되었지만 일정 기간은 예전과 다름없는 가치로 사용할 수 있었으므로 정부는 고스란히 재원을 얻을 수 있었다. **주화 가치가 하락하는 속도와 인플레이션 진행 속도 간의 차를 이용해 막대한 액수의 사회보장비를 메꾸려 한 것이다.**

로마의 첫 번째 황제, 아우구스투스Augustus, 재위 기원전 27~기원후 14가 발행한 은화와 비교해보면, 제국의 영토가 최대로 확장되었던 트라야누스Trajanus, 재위 98~117 황제 때는 15퍼센트 감소, 공중목욕탕을 만든 일로 유명한 카라칼라Caracalla, 재위 198~217 황제 때는 50퍼센트 감소라는 식으로, 은의 함유량을 순차적으로 줄여나갔다.

처음에는 순은에 가까웠던 로마의 은화는 3세기 말이 되자 은 함유량이 고작 5퍼센트밖에 되지 않는 주화로 변함으로써 화폐 가치가 하락해 갖가지 물가가 상승했다. 로마 제국은 극심한 인플레이션 때문에 자멸한 셈이다.

로마 제국의 전성기는 5현제 시대96~180로, 5현제 중 한 명인 트라야누스 황제 때 지배 영역이 최대로 확장되어 면적이 약 1,280만 제곱킬로미터(한반도의 약 58배), 인구는 약 5,500만 명에 달했다.

이 로마의 위장을 채운 것은 속주(식민지) 이집트를 비롯해 지중해 부근에서 거두어들인 연간 30만 톤에 달하는 곡물이었다. 곡물의 3분의 2는 시칠리아섬과 북아프리카 등의 주변 지역에서, 3분의 1은 이집트에서 세금으로 조달되었다. 지중해성 기후로 여름에 비가 내리지 않는 로마는 지중해 부근 속주에서 곡물을 수탈해 무위도식함으로써 존속할 수 있었다.

이윽고 도시 로마의 과잉 인구는 지중해 부근으로 빠져나갔다. 지중해 부근에 로마가 세운 도시와 식민지가 5,672곳에 달한다고 하니 실로 엄청난 규모라 하겠다.

212년에 카라칼라 황제의 칙령으로 속주의 모든 자유민에게 시민권이 부여되자 지중해 전역이 로마와 다름없어져 이주 속도가 더욱 빨라졌다. 그 결과 제국 중심부의 힘이 약해지면서 로마는 서서히 정치적으로 분열되어갔다. **경제 변화가 정치적 혼란을 유발한 것이다.**

마침내 야심을 품은 지방 군대가 저마다 황제를 옹립하고 싸우는 군인 황제 시대235~284에 돌입한다. 약 50년간 26명의 황제가 난립한 데다가 잇따른 내전과 심각한 인플레이션으로 로마 제국은 급속히 쇠퇴했다. 395년에는 제국이 동서로 분리되었고, 476년에는 서로마 제국이 끝내 멸망하고 만다.

이런 와중에 제국의 수도 로마를 뒷받침해온 인프라가 황폐해졌고 곡물 공급망 또한 느슨해져갔다. 한창 때 100만 명에 달했던 로마의 인구는 6세기 말이 되자 고작 3만 명밖에 되지 않을 정도로 급감했다.

제3장

중화 세계의 화폐는 왜 금·은이 아닌 '값싼 동전'이었나

주화의 둥근 형태는 '하늘'을,
중앙에 사각형으로 뚫린 구멍은 '땅'을 나타낸다.
즉 천제의 위임을 받은 황제가 천하를 지배한다는
종교적 세계관을 주화에 표현한 것이다.

경제·재정 관련 한자에는 '조개'가 숨어 있다

메소포타미아에서 저 멀리 동쪽에 있는 황허강 중류 지역은 황토라는 농업에 적합한 고운 흙이 축적된 데다가, 비도 적당히 내린 덕분에 3,600년 전쯤부터 건조 기후에 강한 조와 수수 농사가 발달했다. 그리고 마침내 성벽으로 둘러싸인 '대읍(도시)'과 '읍(마을)'이 연합한 **은나라**가 출현한다.

은나라의 다른 이름인 상商으로부터 상인商人, 상업商業이란 말이 탄생했듯이, 은나라에서는 교환이 활발하게 이루어졌다. 사람들은 남중국해에 서식하는 **별보배고둥** 껍데기가 여성의 생식기나 출산 떠오르게 한다는 이유로 이를 풍요와 부의 상징으로 여겨 가치를 재는 기준으로 사용했다. 바로 **조개껍데기 화폐**다.

은나라에서는 일족의 번영을 무엇보다 바랐으므로 그 기반이 되는 출산을 중요하게 생각했다. 이러한 사실은 갑골문자(은나라 왕이 뼈로 점을 치고 난 뒤, 그 결과를 동물의 뼈에 새긴

별보배고둥

문자)를 계승한 한자만 보아도 명확하다. '財(재물)', '貨(재물)', '賣(팔다)', '買(사다)', '預(맡기다)', '貯(쌓는다)', '寶(보배)' 같은 경제 관련 한자에 별보배고둥貝이 숨어 있는 것이다. 즉, 별보배고둥의 껍데기는 교환의 매개체일 뿐 아니라 재물을 모으는 수단이기도 했다.

참고로 별보배고둥에 대한 신앙은 넓은 지역에 퍼져 있어서 아프리카와 동남아시아에서는 아주 최근까지도 몰디브 제도에 서식하는 별보배고둥 껍데기를 돈으로 사용했다. 현재 가나의 통화 단위인 '세디cedi'는 현지어로 '별보배고둥'이란 뜻이다.

또 메소포타미아와 마찬가지로, 황허강 중류 지역 역시 목축민과 일상적으로 교역을 했던 듯하다. 이는 긍정적인 이미지의 한자 '善(착하다)', '美(아름답다)', '祥(상서롭다)', '詳(자세하다)', '翔(날다)', '洋(바다)'를 비롯해 '窯(가마)', '恙(병)' 등 목축민이 중요하게 여겼던 '양羊'이 들어가 있는 사실로도 알 수 있다.

돈의 흐름이 보이는 포인트 ④
황허 문명에서는 처음에 조개껍데기를 화폐로 사용했다.

값싼 동전을 대량 발행해 경제의 주도권을 잡은 시황제

황허강 유역에서는 처음에 조개껍데기를 화폐로 사용했지만, **춘추전국 시대**기원전 770~221라는 550년간 계속된 긴 전란의 시대에는 각 지방에서 대상들이 직접 칼처럼 생긴 '도전刀錢'이나 가래(농기구의 한 종류)처럼 생긴 '포전布錢'과 같은 청동 화폐를 발행했다. 이는 리디아에서 주화가 출현한 시기와 거의 비슷하다. 또한 각 화폐가 규격화된 사실로 보아 조개껍데기를 대신해 지방마다 다른 돈을 만들어 사용했음을 알 수 있다.

기원전 221년 진나라가 중국을 통일한 후에는 조개껍데기 화폐의 계보를 이어받은 값싼 동전이 대량으로 주조되어 통화로 쓰였다. 광활한 중국에서는 위조 화폐를 방지하기가 어려웠던 탓에 값싼 동전을 대량으로 발행하는 편이 효율적이었다.

기원전 3세기에 쓰촨이라는 변방에서 두각을 나타내기 시작한 진나라는 하늘의 신이 왕에게 지배권을 부여했다는 **천명 사상**을 이용해 신의 대리인으로서 천하(세상, 알고 있는 모든 땅)를 지배했다. 페르시아 제국이 성립된 지 약 330년쯤 후의 일이다.

신의 대리인을 자칭한 시황제는 문자, 도량형, 차축의 폭등을 통일하면서 화폐까지 통일해 통화를 황제의 지배하에 놓으려 했다. 진나라의 통화는 원 한가운데에 구멍이 뚫린 '**반량전**半兩錢(1냥이라는 무게의 반)' 이라는 무게를 나타내는 동전(동화)으로, 황제의 명령에 의해 발행되었다. 하늘에 있는 신의 대리인(천자)인 시황제가 제국 경제의 총괄자로서 권력을 휘둘렀던 것이다.

단, 진나라는 그 역사가 지극히 짧은 데다가 광활한 지역을 지배한 탓에 예부터 각지에 유통되었던 화폐 또한 여전히 사용되었다. 이미 퍼져버린 지방의 청동 화폐나 금의 유통을 막기란 애당초 역부족이어서 반량전은 기준 통화에 머무르고 말았다.

중국 화폐의 기본 특색은 **뛰어난 주조 기술을 사용해 값싼 동전을 대량으로 만들었다는 점**이다. 민중의 생활 깊숙한 곳까지 화폐가 침투한 덕분에 국가가 직접 백성을 지배할 수 있었다.

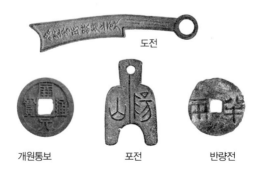

도전

개원통보   포전   반량전

한나라로 넘어오자 기원전 2세기 초부터 기원후 1세기에 이르는 약 150년간(전한의 무제부터 평제가 통치한 시기), 280억 개나 되는 동전이 주조된다. 중국의 화폐 시스템이 본격적으로 가동하기 시작한 것이다. 하지만 이 배경에는 한나라가 북방의 유목민, 흉노와 가히 숙명적이라 할 만한 군사 항쟁을 반복해 막대한 양의 통화가 필요해졌다는 사정이 깔려 있었다.

중국 동전에 '구멍'이 뚫린 이유

앞에서 설명한 보리 문명권의 통화가 귀금속의 가치에 의존하는 '타각 화폐'였다면 중국에서 사용된 통화는 천자(황제)가 조개껍데기 화폐를 계승해 값싼 구리(동)로 만든 '주조 화폐'였다. 고온에서 구리로 주화를 만들어내는 높은 기술력 덕분에 대량 생산된 중국의 동전은 값싼 재료를 사용해 황제가 마음대로 가격을 정한, 그야말로 지배자에게 유리한 돈이었다.

중국은 값싼 화폐를 대량 생산해 '박리다매식'으로 민중들로부터 물품을 수탈했다. 동전에 '구멍'이 뚫린 이유는 끈으로 주물의 불필요하게 튀어나온 부분을 없애기 위해서라는 설과 끈을 구멍에 꿰어 적은 액수의 돈을 세기 편하게 하기 위해서라는 설 등이 있다. 당나라 때에 이르러서는 진나라의 반량전 이후 발행된 동전에서 볼 수 있었던 '냥兩', '수銖' 등의 무게를 새기는 전통이 변경되었다.

당나라를 대표하는 동전으로 동아시아에서도 유명한 '개원통보開元通寶'는 건국을 기념에 만든 화폐인데, 이후 원호를 새긴 동전까지 만들어지면서 이 같은 화폐 양식은 후대 왕조와 동아시아의 다른 지역에도 영향을 끼쳤다. 일본 최초의 물류 화폐인 와도카이친和同開珎이 그 예다. 이처럼 한자, 한문, 달력뿐 아니라 화폐 양식 또한 동아시아의 공통 문명을 만들어내는 데 큰 역할을 했다.

황제 지배의 상징, 동전

중국에서는 동그란 '돈' 한가운데에 사각형의 구멍을 낸 디자인이 점차 동전의 전형적인 형태로 자리 잡았다. 주화의 둥근 형태는 '하늘'을, 중앙에 사각형으로 뚫린 구멍은 '땅'을 나타낸다. 즉 천제의 위임을 받은 황제가 천하(세상)를 지배한다는 종교적 세계관을 주화에 표현한 것이다.

예부터 '천원지방天圓地方(하늘을 둥글고 땅은 모나다―옮긴이)'

이라는 사상이 있어서 주화는 둥근 하늘과 사각형의 땅이라는, 천명을 받은 황제의 지배 영역을 상징했던 것이다. 역대 중국에서는 이렇듯 종교적 권위를 지닌 황제가 중앙은행의 역할을 완수했다.

돈의 흐름이 보이는 포인트 ⑤

황제가 돈의 가치를 정하는 중화 제국에서는 값싼 주물인 동전이 대량으로 생산되었다.

제4장

이슬람 세계의 '어음'이 유럽에서 '지폐'가 되다

10세기 아바스 왕조에서 발달한 어음 기술이
17세기 말에 국채 · 지폐 발행으로 마무리되는
긴 여정은 고대의 '주화 혁명'에 필적할 만한
화폐 시스템의 세계적 전환이다.

우마이야 왕조가 발행해 널리 유통한 알라의 주화

570년에 태어난 메카의 상인 무함마드Muhammad, 570~632는 유대교의 영향하에 알라의 일신교 신앙(이슬람교)을 창시한다. 하지만 메카의 카바 신전은 다신교 신앙의 중심이기도 해, 20년이나 되는 세월 동안 겨우 200명의 신도밖에 얻지 못했다. 이슬람 교단(움마)의 신도는 대부분 사막의 상인이었다.

무함마드는 아라비아반도의 여러 유목 부족(각 200명 정도)을 군사적으로 통합해 교단을 강력한 군사 집단의 '핵'으로 바꾸지만, 632년에 갑자기 사망하고 만다. 그 후 교단 간부는 무함마드의 후계자가 될 **칼리프**를 선출한 뒤 유목민과의 결속을 유지하기 위해서 수입을 얻을 수 있는 군사 정복(**대정복 운동**)을 이용했다.

정복 운동의 최초 목적지는 시리아의 상업 중심지 **다마스쿠스**였다. 오늘날로 말하자면 뉴욕과 같은 상업 도시다. 다마스쿠스 정복에 성공해 막대한 전리품을 손에 넣게 되자

'비즈니스로서의 정복 운동'에 한층 가속도가 붙었다. 아랍 유목민은 시리아와 이집트를 비잔티움 제국으로부터 빼앗았을 뿐 아니라 이란의 사산 왕조까지 무너뜨리는 데 성공한다.

대정복 운동 후 시리아를 점령한 최고 유력 부족 우마이야 가문은 이슬람 교단을 사유화해 칼리프를 세습했는데, 이것이 바로 우마이야 왕조Umayyad dynasty, 661~750다.

우마이야 왕조의 제5대 칼리프, 압둘 말리크Abdul Malik는 대정복 운동의 전리품(636년 사산 왕조를 제압했을 때 2만 6,000톤의 은을 획득했다고 한다)을 이용해, 695년 로마 제국의 금화와 사산 왕조의 은화를 통합했다. 그리고 디나르 금화(4.25그램)와 디르함 은화(2.9그램)로 이루어진 금·은본위제를 시작했다. 금화 1닢은 은화 22닢과 교환되었다.

게다가 동화도 발행했다. 알라의 이름을 내세운 유라시아 광역 화폐의 출현이다. 주화에는 우상을 배제하고, "알라 이외의 신은 없다"라는 코란의 문구를 새겼다.

돈의 흐름이 보이는 포인트 ⑥
유라시아의 광역 화폐로서 알라의 금화와 은화가 발행되었다.

이슬람 상인이 시작한 '아시아의 대항해 시대'

인도양에서 벵골만, 남중국해로 경제를 팽창시킨 아바스 왕조Abbasids dynasty, 750~1258하에 이슬람 세계는 '군사 정복 시대'에서 '경제 시대'로 전환했다.

아바스 왕조가 수도를 시리아의 다마스쿠스에서 동방 이라크에 건설한 인공 도시, **바그다드**로 옮김으로써 인도양 개발이 궤도에 올랐다. 그리하여 지금까지의 지중해·서아시아 중심의 소규모 경제가 인도양·유라시아 중심의 대규모 경제로 바뀌게 된다.

이슬람 상인의 활약으로 인도양을 중심으로 동아프리카에서 인도, 동남아시아, 중국 남부에 이르는 해역을 연결하는 **'아시아의 대항해 시대'**가 시작된 것이다. 여기에 이란 상인이 동방에 개척한 '비단길', '초원길'이 연결되어 유라시아의 바다와 육지 경제가 통합되었다.

새로운 인도양 상권을 무대로 하는 이야기가 바로《아라비안나이트》에 나오는 〈신드바드의 모험〉이다. 신드바드는 동아프리카에서 스리랑카에 이르는 **인도양**까지, 총 일곱 번을 항해하는 대모험을 펼쳐 막대한 부를 쌓는다.

동아프리카에서 코끼리 세 마리를 데리고 가 새끼에게 먹이로 준다는 거대한 로크 새 이야기, 인도의 깊은 골짜기에

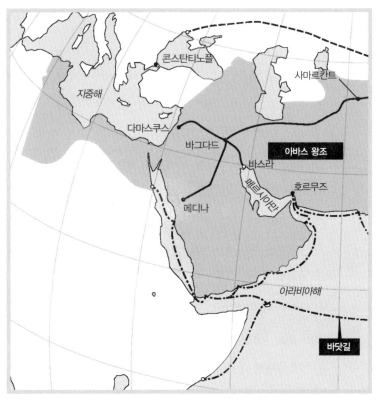

있는 다이아몬드를 손에 넣기 위해 고깃덩어리를 골짜기에 던져 그 안에 다이아몬드가 박히게 한 다음, 큰 독수리에게 낚아채 올리게 했다는 〈신드바드의 모험〉 속 이야기들은 인도양을 누볐던 뱃사람들 사이에 내려오던 전설로, 마르코 폴로Marco Polo, 1254~1324의 《동방견문록》에도 소개되어 있다.

《아라비안나이트》의 무대는 아바스 왕조의 최전성기, 제

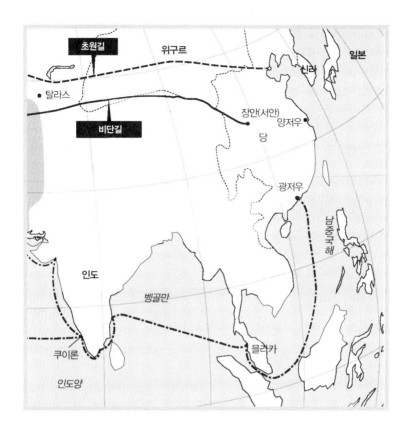

5대 칼리프 하룬 알 라시드Hārūn al-Rashīd, 재위 786~809의 시기다. 바그다드의 인구는 150만 명에 달했고, 시내에는 6만 개의 예배소, 3만 개에 가까운 목욕탕이 있었다고 한다.

《아라비안나이트》에는 "하룬 알 라시드의 이름과 영광이 중앙아시아의 언덕에서 북유럽의 깊은 숲속까지, 또 마그레브(북아프리카) 및 안달루시아(이베리아반도)에서 중국, 타타르

(몽골)의 변경에까지 울려 퍼졌다”고 기록되어 있다.

아바스 왕조의 경제 중심은 인도양, 벵골만, 남중국해의 해운이었다. ‘다우Dhow (삼각돛을 단 목조선)’라는 범선으로 동아프리카에서 중국 남부에 이르는 드넓은 해역이 연결되면서 설탕, 쌀, 면화, 레몬, 카시스, 오렌지를 비롯한 감귤류, 바나나, 증류기(훗날 위스키나 브랜디 제조에 사용됨), 중국의 도자기 등이 지중해에 전해졌다.

인도양에서는 여름과 겨울에 바람의 방향이 정기적으로 변하는 계절풍(몬순)을 항해에 이용해 대량의 물자를 옮겼다. 동아프리카 연안부에서는 상아, 금 이외에 ‘잔즈Zanj’라 불리는 흑인 노예도 이라크로 운반되었다.

인도양과 남중국해가 믈라카해협을 통해 연결되면서, 페르시아만과 중국의 광저우廣州 사이를 왕래하는 왕복 2년의 대항해가 일상적인 일이 되었다. 당시 광저우에는 12만 명의 이슬람 상인이 상주하는 자치권을 가진 거류지 번방番坊이 만들어졌고, 모스크까지 건설되었다고 한다. 이슬람 상인은 이윽고 장강 하류의 당나라 최대 상업 도시 양저우揚州에서도 상업을 하게 된다.

그런데 이슬람 상인으로 번영을 누렸던 광저우에서 당나라 말기 끔찍한 사건이 일어난다. 소금을 밀매하는 상인, 황소黃巢, ?~884가 반란을 일으켜 광주를 점령해, 10만 명이 넘는 이슬람 상인을 살해한 것이다. 이슬람 상인은 이와 같은 어마어마한 규모의 '차이나 리스크'에 충격을 받아 믈라카 해협의 작은 섬으로 거점을 옮겼다.

하지만 이 사건은 훗날 광둥과 푸젠의 중국 상인에게 더할 나위 없는 기회로 작용한다. 광둥과 푸젠의 중국 상인은 다우를 본뜬 '정크junk'라는 외양 범선을 만들어, 동남아시아와 교역함으로써 남중국해 무역을 성장시켰다.

12세기경에는 이슬람 상인과 중국 상인이 인도 남부의 항구 쿠이론을 경계로 광대한 해역의 동서에서 각각 무역을 담당했다.

경제 팽창에 따른 '은 부족' 사태로 어음·수표가 발달하다

인도양이 개발되고 해안 도시를 중심으로 상업이 활기를 띠면서 유라시아 경제는 급속히 확대된다. 그러자 이번에는 은 공급량이 경제 팽창 속도를 따라가지 못하는 문제가 발생했다. 10세기에 이슬람 세계가 극심한 은화 부족 사태를 겪게 되면서 아바스 왕조의 상인은 장벽에 부딪힌 경제를 신용 경제(소프트 이코노미)로 보강해야만 하는 상황에 부닥친 것이다. 이로써 **'어음 혁명'** 이 조용히 진행되었다.

바자르(시장)에서 환전을 해주거나 신구 화폐를 교환해주던 환전상 '사라프Sarraf'가 중심이 되어 어음과 수표를 발행함으로써 부족한 은화를 보충했다. 어음은 액면에 기입된 만큼의 돈을 약속 기일에 지급할 것을 약속·위탁하는 유가 증권으로, 960년경에 처음으로 출현했다.

수표는 원래 관리가 금융업자에게 재산을 위탁한 뒤 서명이 들어간 명령서로 인출했던 것이었는데, 10세기 이후 민간에까지 보급되면서 상인들이 송금 수단으로 사용했다. 전해지는 이야기에 따르면 **당시 바그다드에서 발행된 수표를 모로코에서 현금으로 바꿀 수 있었다고 한다.**

수표를 의미하는 영어 단어 '체크check'는 아라비아어에 그 뿌리를 두고 있는데(왕을 뜻하는 'Shah'에서 유래-옮긴이), 이는 환전 상인이 어음과 수표로 신용 거래 시스템을 완성했기 때문이다.

'장기 어음 혁명'을 거쳐 유럽에서 지폐가 탄생하다

이슬람 세계의 은 부족 사태로 확산된 어음이 지중해의 국제 상권을 거쳐 이탈리아의 여러 도시와 네덜란드에 전해지고 최종적으로 영국에서 국채·지폐로 모습을 바꾸었는데,

이러한 일련의 움직임을 '**장기 어음 혁명**'이라 한다.

　10세기의 아바스 왕조에서 발달한 어음 기술이 17세기 말에 **국채·지폐 발행**으로 마무리되는 긴 여정은 고대의 '주화 혁명'에 필적할 만한 화폐 시스템의 세계적 전환이다. 이 혁명의 대략적인 흐름을 정리해두자.

① 10세기, 연이어 일어난 시아파 봉기로 바그다드 주변이 혼란에 빠지자 경제의 중심이 지중해로 옮겨간다. 지중해에서는 이슬람 상인, 유대 상인, 이탈리아 상인 등을 중심으로 국제 상업이 성장하고, '**어음' 기술은 이탈리아의 여러 도시로 퍼져나간다.** 13세기에는 금융업자가 외환 어음으로 무역을 결제한다.

② '대항해 시대' 이후의 '**상업 혁명**'으로 경제 중심이 북해 주변의 네덜란드, **영국으로 옮겨가** 새로운 상업 중심지가 출현한다. 이때 스페인과 포르투갈에서 추방된 유대 상인이 네덜란드·영국에서 어음 기술을 발달시킨다.

③ 17세기 말, 육군 대국 프랑스와의 대전으로 재정난에 빠진 **영국에서 유대 상인이 재정을 개혁한 결과, 군사비 조달의 수단으로 국채가 정착**한다. 군사비가 계속해서 부족해지자, 낮은 이율로 정부에 군사비를 빌려주는 **상인들이 잉글랜드은행을 조직**해, '무기명 어음(은행권, 지폐)을 발

행하는 권한을 정부로부터 획득하면서 **지폐가 등장**한다.

은화를 대신하는 지폐의 등장은 화폐 역사의 하이라이트다. 이런 까닭에 일부러 어음에서 지폐가 출현하기까지의 과정을 '장기 어음 혁명'으로 강조했다. '장기 어음 혁명'이 진행된 시기는 종교개혁과 그 후에 일어난 일련의 종교 전쟁, 스페인·포르투갈에서의 유대인 추방, 스페인과 네덜란드·영국간의 전쟁, 영국-네덜란드 전쟁, 장기전이 된 영국과 프랑스의 식민지 쟁탈전(영국-프랑스 제2차 백년 전쟁) 등이 잇따라 일어나, 군사비를 조달하는 일이 중요한 정치적 문제로 떠오른 시대였다.

근대의 화폐 시스템은 군사비 조달 시스템을 구축하는 과정에서 발달했다고도 할 수 있다.

그런데 지폐의 '신용'을 보증하고 유지하는 일은 유대 상인처럼 돈 다루기에 숙달된 이들이 아니면 도저히 불가능했다. 이런 까닭에 **통화의 관리권은 '어음 혁명' 과정을 거치면서 왕과 영주의 손에서 상인의 손으로 옮겨가게 된다.**

돈의 흐름이 보이는 포인트 ⑦
지폐의 출현으로 이어지는 '장기 어음 혁명'은 10세기 이슬람 사회에서 발생한 은 부족 사태에서 비롯되었다.

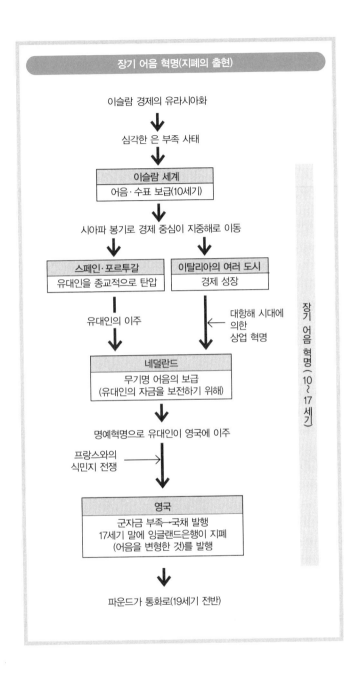

장기 어음 혁명(지폐의 출현)

이슬람 경제의 유라시아화

⬇

심각한 은 부족 사태

⬇

이슬람 세계
어음·수표 보급(10세기)

⬇

시아파 봉기로 경제 중심이 지중해로 이동

⬇ ⬇

스페인·포르투갈
유대인을 종교적으로 탄압

이탈리아의 여러 도시
경제 성장

유대인의 이주

대항해 시대에
의한
상업 혁명

네덜란드
무기명 어음의 보급
(유대인의 자금을 보전하기 위해)

⬇

명예혁명으로 유대인이 영국에 이주

프랑스와의
식민지 전쟁 →

⬇

영국
군자금 부족→국채 발행
17세기 말에 잉글랜드은행이 지폐
(어음을 변형한 것)를 발행

⬇

파운드가 통화로(19세기 전반)

장기 어음 혁명(10~17세기)

어음의 재료가 되는 '종이'는 언제 전해졌을까

어음은 '종이'로 만들기 때문에, '어음 혁명'이 이루어지려면 우선 종이가 보급되어야 한다. 종이 자체는 기원후 105년경 중국의 후한 시대에 발명되었다.

아바스 왕조가 세워진 다음 해인 751년에 일어난 탈라스 전투Battle of Talas(아바스 왕조와 당나라가 중앙아시아의 패권을 걸고 벌인 대전투. 이슬람 문명과 중국 문명 간의 충돌 — 옮긴이) 때, 당나라의 종이 제조 장인이 아바스 왕조의 포로가 되면서 중국의 종이 제조법이 중앙아시아에 전해졌다.

800년경 바그다드에 제지 공장이 건설되었고, 이베리아반도에서는 12세기, 서유럽에서는 14세기부터 종이를 제조하기 시작했다. 종이의 보급과 '어음 혁명'은 동시기에 전개된 셈이다.

애초에 돈은 물품과 물품의 '교환증'이었으므로 신용이 곧 생명이다. 영어로 '신용'을 '크레디트credit'라 하는데, 이 말은 '평판', '인망', '명성'을 뜻한다. 한때는 종교 대신 사회적 평가가 신용 경제를 뒷받침했던 것이다.

호황기에 가장 큰돈을 버는 사람은 금융업자

영어로 은행을 뜻하는 '뱅크bank'의 어원은 이탈리아어 '방카banca'다. 방카는 원래 환전 상인이 사용하는 환전 책상을 의미했다. 노름판 주인의 '돈' 또한 마찬가지로 '뱅크'라고 한다.

파산은 한때 환전할 수 없게 되었다는 사실을 의미했으므로, '환전 책상을 부순다'는 의미에서, '뱅크러프트bankrupt'가 되었다.

'이자' 받는 행위를 악덕으로 여겨 금지한 이슬람교와 그리스도교 사회에서는 먼 옛날부터 각양각색의 지역 화폐가 동시에 유통 중이었다는 사정을 이용해, '환전 수수료'가 이자를 대체했다. **그리스도교도인 금융업자 역시 금지된 이자 취득을 감추려는 의도에서 '환전'을 이용**한 것이다.

르네상스 시대의 이탈리아에서는 피렌체의 메디치 가문이 금융업자로 유명하지만, 이탈리아 여러 도시에는 각각 유력한 환전상이 있었다. 금융업자가 환전상을 가장하는 일은 지극히 일반적이었다. 환전상은 그 역사가 매우 깊어, 고대 아테네와 로마에도 대규모 환전상이 있었다고 한다.

유럽에서 가장 오래된 은행은 1345년에 이탈리아 제노바에 설립된 산조르조 은행이다. 산조르조 은행은 외환 거래

와 투자는 했지만, 근대 은행처럼 예금을 모아 기업에 빌려
주지는 않았다.

이탈리아 경제를 비약적으로 발전시킨 이슬람 계산법

인도에서 도입된 **아라비아 숫자**와 **십진법**의 보급은 이슬람
상업의 규모 확대에 큰 역할을 했다.

　엄청난 규모로 성장한 무역을 뒷받침한 아라비아 숫자와
십진법은 십자군 원정기, 즉 11세기 이후 지중해 상업이 한
창 활기를 띠던 시기에 이탈리아반도에 전해졌다. 이 십진
법은 이탈리아 상인들 사이에 퍼져나갔다.

　수식에 사용되는 등호(=)와 복식부기의 '대변', '차변'은
저울이 수평을 이룬 상태를 의미하므로 상인이 경험을 통해
발달시킨 기법이었다는 사실을 알 수 있다. 현재 전 세계에
서 사용하는 아라비아 숫자와 '0'은 인도 숫자가 이슬람 세
계에 들어와 8~9세기에 변형된 숫자다. 인도의 전통 문명
이 '재편' 과정을 통해 기법으로 변화한 것이다. 이러한 변
화는 이슬람 문명의 실용적 성격을 잘 보여준다.

　아라비아 숫자 중 북아프리카에서 변형된 숫자가 유럽으
로 전해져 현재의 유럽 숫자가 되었다. 아라비아 숫자는 은

이 심각하게 부족해졌던 10세기부터 사용되었다. 경제 규모 확대와 은 부족 사태에서 비롯된 '어음 혁명', 그리고 숫자의 발달은 서로 연동된 셈이다.

아라비아 숫자가 유입되기 전 유럽에서는 로마 숫자를 사용했다. 하지만 로마 숫자는 열 손가락을 기본으로 구성되어 계산하기가 번거로웠으므로 대규모 상업 거래 시에는 제대로 대응하지 못했다. 큰 숫자는 장대한 기호의 나열이 되어버렸기 때문이다.

한편 아라비아 숫자는 '0, 1, 2, 3, 4, 5, 6, 7, 8, 9'라는 열 개의 기호를 사용해 아무리 큰 숫자라도 간단히 표기할 수 있었다. 가히 예술적이라 할 만한 합리성에 이탈리아 상인은 감탄을 금치 못했다.

고대의 상인 역시 글자 수를 극단적으로 줄인 알파벳으로 손쉽게 의사소통을 할 수 있는 표음문자를 발명했는데, **십진법은 이에 필적할 만한 상인의 문명**이다. 참고로 십진법에 의한 계산 규칙을 의미하는 알고리듬algorithm은 9세기에 활약한 이슬람 세계의 위대한 수학자로, 대수학algebra을 확립한 알콰리즈미al-Khwārizmī, 780?~850?의 이름에서 유래했다. 알고리듬은 오늘날에도 계산 순서, 처리 순서를 의미하는 컴퓨터 용어로 활발히 사용된다.

십자군 원정1095~1291은 이슬람 세계의 문물을 대거 유럽에 전해줌으로써 유럽 문명에 커다란 변화의 물결을 일으켰다. 이 현상을 '12세기의 르네상스'라고 한다.

부기 또한 1300년경 이탈리아에 처음으로 전해졌고, 1340년에 상업 중심 도시인 제노바에서 '복식부기'로서 자리를 잡았다.

1494년에는 훗날 '복식부기의 아버지'라 불린 수학자 루카 파치올리Luca Pacioli, 1447?~1517가 숫자와 상업 수학의 입문서 《산술, 기하, 비율 및 비례 총람》을 출판한다. 파치올리는 이 책의 일부를 할애해 복식부기의 원리와 기법을 알기 쉽게 설명했다. 나중에 이 부분만 발췌한 《계산 및 기록에 관한 상론》이 발행되어 큰 인기를 끌었고, 이 책은 16세기에 네덜란드어, 독일어, 프랑스어, 영어로도 번역되었다.

제5장

원나라가
유럽보다 먼저
'지폐 제국'이 된 이유

"그들은 어디에 가든지 이 지폐로 모든 것을 지급한다.
즉 진주, 보석, 금, 은을 비롯해 온갖 물품을
지폐로 살 수 있다.
그들은 갖고 싶은 물품은 무엇이든지 사들이고,
정작 돈을 낼 때는 이 지폐를 사용한다."

마르코 폴로

불편한 동전 대신 개발된 송금 어음 '비전'

당나라는 안사의 난755~763 이후, 각지에서 절도사(번진)라는 군벌이 할거하게 되어 균전제(국가가 농민에게 농지를 나눠주고, 수확 일부를 거둬들인 후, 정년이 되면 농지를 반납하도록 한 제도)가 무너진다. 이로 인해 정부는 강남(장강 이남)의 소금 등에 부과하는 세금에 의존하게 된다.

또 정치적 혼란으로 조용조租庸調(당의 조세 체계. 조는 콩·쌀 등의 곡물, 용은 군역·노역 등의 인력, 조는 각 지역의 특산물이란 뜻─옮긴이)하에 세금을 현물로 징수하기가 어려워지자 양세법으로 바꿔 세금을 화폐로 징수하게 했다. 이러한 변화는 상품 경제와 화폐 경제를 동시에 성장시켰다.

대량의 동전은 무거워서 수송하기가 불편한 데다가, 각지의 절도사 또한 자치령에서 동전이 반출되는 것을 막았다. 이런 까닭에 안전하면서도 간편하게 돈을 운반하는 기술이 개발된다. 이것이 **'비전飛錢'이라 불린 송금을 위한 어음**

이다. 장안(현재의 서안)이나 낙양(뤄양)과 같은 대도시와 지방 도시, 상품 작물 산지의 업자들 사이에 연결망이 형성되었다. 상인은 대도시에서 화폐 대신 '패'라는 증명서를 받은 다음, 지방 도시 등에 나갔을 때 '패'를 지정된 인물에게 제시해 돈으로 환전을 했으며, 업자는 이를 통해서 수수료를 챙겼다.

'비전'은 처음에 민간 상인들 사이에서 이용되었지만, 관료가 비전의 편리함을 깨달으면서 조세와 전매 수익을 송금하는 데에도 이용되었다.

북송에서 세계 최초로 지폐가 출현한 까닭

당나라 말기부터 북송 시대960~1127에 걸쳐 강남 지역이 활발히 개발되면서, 경제의 중심은 보리보다 생산력이 수십 배나 높은 쌀로 옮겨갔다. 그리하여 중국에서는 농업 사회의 규모가 단숨에 확대된다. 쑤저우와 항저우에 풍년이 들면, 중국 전체의 식량 문제가 해결된다고 할 정도로 경제가 탈바꿈한 것이다.

당나라의 수도 장안은 밤이 되면 밖을 돌아다니는 사람을 찾기 힘들 정도로 정치 도시였다. 그러나 북송의 수도인

카이펑開封은 한밤중에도 시장이 열려 새벽 2시가 될 때까지 사람들의 발길이 끊이질 않았고, 새벽 4시쯤 되면 또다시 활기가 돌기 시작하는 경제 도시였다.

곡물의 중심이 보리에서 대량 생산이 가능한 쌀로 이동하자 경제 규모가 비약적으로 커져, 중국에서는 동전이 심각하게 부족해졌다. 북송에서는 150년간 2,000억~3,000억 개에 이르는 대량의 동전과 철전이 발행되었다고 하는데, 여전히 동전이 절대적으로 부족했다.

구리(동)가 제때 수급되지 못하자 북송은 궁여지책으로 철까지 통화의 재료로 사용한다. 변방인 쓰촨에서는 철전이 발행되었는데, 고액 거래 시 철전은 너무 무거워 운반하기가 곤란했으므로 **민간 금융업자는 철전 대신 '교자交子'라는 어음을 유통했다.**

결국, '교자'의 편리성에 주목한 북송의 지방 관료가 교자 발행권을 상인에게서 빼앗아 수중에 있던 철전으로 발행액의 상한을 정한 다음, 지폐를 발행하기에 이른다. **중국에서는 민간 상인이 아닌 관료가 지폐를 발행한 셈이다.** 이것이 세계 최초의 지폐다. 유럽에서 민간 상인이 어음을 변형해 지폐를 발행한 것과는 전혀 사정이 다르다.

간편하게 발행할 수 있는 '교자(지폐)'는 정부의 낭비벽을 부추겼고, 민중은 정부의 지폐 남발로 통화 가치가 하락해

(인플레이션) 큰 고통을 받았다. 인플레이션은 민중에게서 부를 착취하는 행위일 뿐이었다.

세계 최초로 지폐 제국이 된 '원'

지폐는 남송을 거쳐 몽골인이 세운 원나라1271~1368로 계승되었다. 원나라를 세운 몽골인은 동전의 사용을 일절 금지하고, **통화를 '교초交鈔'라는 지폐로 제한했다.** 원은 세계 최초로 지폐 제국이 된 것이다. 당시 원나라 지폐에는 "위조 지폐를 만든 자는 사형에 처한다"라고 명기되어 있었다.

유목민인 몽골인에게는 토지를 지배하고 세금을 징수한다는 개념이 없었다. 몽골인은 소금을 전매제로 하는 등 유통 과정에서부터 징세를 중시했으므로 대량으로 발행할 수 있는 지폐야말로 백성들로부터 부를 착취하는 수단으로 안성맞춤이었다.

이런 까닭에 원나라는 세계 역사상 처음으로 나라 전체가 지폐를 사용한 지폐 제국이 되었다. 참고로 '원元'은 몽

북송에서 사용된 액면가
7만 7,000전짜리 '교자'

원나라가 유통한 통화 '교초'

골인이 중국을 지배하기 위해 붙인 중국식 왕조명이다.

　서아시아의 일한국1258~1411(몽골 제국의 사한국 중 하나. 1258년에 칭기즈 칸의 손자 훌라구가 이란과 소아시아를 중심으로 세운 왕조—옮긴이)은 이처럼 편리한 지폐 시스템을 도입하기 위해 원나라로부터 장인을 초청해 지폐 발행을 시도했지만 상인들이 인정하지 않아 결국 지폐를 발행하지 못했다.

　몽골 제국의 5대 황제이자 원나라 초대 황제 **쿠빌라이 칸**Kublai Khan, 재위 1260~1294은 상업을 중시했다. 그는 페르시아만과 중국 연해부를 잇는 '바닷길'과 '초원길'을 연결함으로써, 유라시아 규모의 상업로(**유라시아 원환 네트워크**)를 국제 경제의 인프라로서 정비했다. 이로써 초원과 바다가 연동된 아시아 경제의 간선 루트가 완성되었다. 역사적으로 보면 현재 중국이 강행 중인 '**일대일로**一帶一路' 정책의 창안자는 쿠빌라이 칸인 셈이다.

비단길을 따라 중국에 도착해 쿠빌라이 칸 밑에서 17년 간 관료로 일한 뒤 해로, 즉 페르시아만을 거쳐 베네치아에 돌아간 사람이 바로 그 유명한 마르코 폴로Marco Polo, 1254~1324 다. 그가 제노바와의 전쟁 중 포로가 되어 옥중에서 저술한 《동방견문록》은 중국에 관한 풍부한 정보를 제공해 이 책을 읽은 유럽인들을 긴장하게 했다.

마르코 폴로는 이 책에서 원나라를 '종이'로 경제를 움 직이는 놀라운 제국이라고 소개하며, 더 나아가 지폐에 관 해서 다음과 같이 기록했다.

"그들은 어디에 가든지 이 지폐로 모든 것을 지급한다. 즉 진주, 보석, 금, 은을 비롯해 온갖 물품을 지폐로 살 수 있다. 그들은 갖고 싶은 물품은 무엇이든지 사들이고, 정작 돈을 낼 때는 이 지폐를 사용한다."

마르코 폴로에게 있어 쿠빌라이 칸이 종잇조각으로 상당 히 고가의 물건을 무엇이든 손에 넣는 행위는 매우 경이로 운 사건이었다.

마르코 폴로 이후에도 수많은 '무명의 마르코 폴로'가

원나라에 와 이익을 보았다. 이탈리아에서는 '파스타와 아이스크림은 마르코 폴로가 들여왔다' 라는 설이 일반적이지만, 건조면(파스타)은 상인들이 휴대 식량으로 가져갔다가 남아서 다시 이탈리아에 가지고 온 것이 정착한 것으로 보고 있다.

몽골 제국의 유라시아 상권이 이탈리아 르네상스의 경제 기반이 되었다고 말해도 전혀 과장이 아니다.

돈의 흐름이 보이는 포인트 ⑨
원은 세계 최초로 오로지 지폐만을 통화로 사용한 지폐 제국이 되었다.

제6장

16세기, 신대륙의 '은'이 구대륙에 끼친 절대적 영향

유럽에서는 100년간 은 가격이 3분의 1 이하로
떨어지는 이른바 '가격 혁명' 이 일어났다.
또한 자산 가치가 점차 하락하면서 상공업자가 활약하는
'인플레이션의 세기' 로 접어들었다.

대항해 시대, '은'이 동식물과 함께 이동하다

15세기 중반부터 17세기 중반까지 이어진 '대항해 시대' 때는 유럽인(주로 포르투갈과 스페인)이 아프리카, 아시아, 아메리카 대륙으로 대규모 항해를 떠났다. 이로 인해 '구대륙'과 '신대륙'의 동식물 간에 대규모 교류가 이루어진 셈인데, 단기간에 폭넓은 분야의 물품이 교류되었다는 점에서 특별히 기록해둘 만한 시대라 할 수 있다.

20세기의 미국 역사학자 앨프리드 크로스비Alfred Crosby, 1931~2018는 이처럼 넓은 범위에서 이루어진 양 대륙 간의 동식물 교류를 '콜럼버스의 교환'이라고 칭했다. 신대륙에서 건너온 동식물에는 옥수수, 감자, 고구마, 카사바, 호박, 토마토, 피망, 고추, 강낭콩, 땅콩, 채유용 해바라기, 카카오, 바닐라, 파인애플, 아보카도, 파파야, 칠면조 등이 꼽힌다.

신대륙에서 건너온 작물 중 척박하고 한랭한 토지에서도 잘 자라는 감자와 옥수수는 유럽에, 고구마는 동아시아에,

뿌리가 타피오카의 원료인 카사바는 아프리카에 전해져, 각 지역의 경제 성장을 뒷받침했다.

한편 아메리카 대륙으로 건너간 보리, 쌀, 설탕, 커피, 면화는 플랜테이션plantation(열대 또는 아열대 지방에서, 자본과 기술을 지닌 서구인이 현지의 값싼 노동력을 이용해 특정 농산물을 대량으로 생산하는 경영 형태—옮긴이)을 발달시켰고, 말은 교통수단으로 이용되었다. 서부극에서 인디언이 타는 말도 유럽에서 건너왔다. 게다가 **신대륙의 은이 구대륙의 광범위한 지역에서 겪고 있던 심각한 '은 부족' 사태를 해결**해준 것도 중요한 사건이었다.

구대륙의 심각한 은 부족 사태를 해결한 신대륙의 은

1540년대가 되자 페루와 멕시코에서 은광이 발견되어 엄청난 양의 은이 채굴되기 시작했다. 특히 잉카 제국이 버려두었던 페루의 포토시 은광(현재는 볼리비아)은 1545년에 재개발되자마자 순식간에 세계 최대의 은광으로 변모한다. 이슬람 세계와 중국이 각각 심각한 은 부족, 동전 부족 사태로 침체기에 빠져 있는 동안 신대륙의 막대한 은이 유라시아의 은 위기를 해결하고 구세계의 경제를 회복으로 이

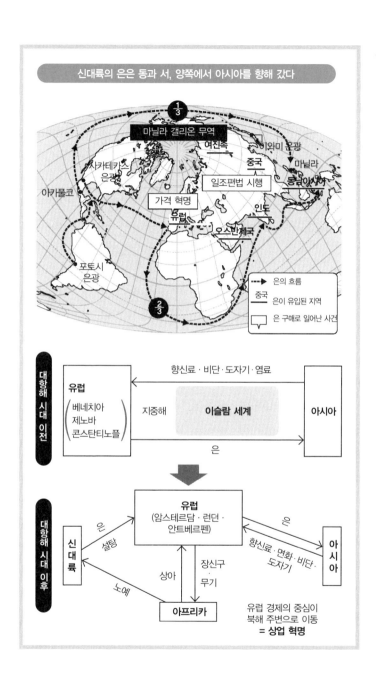

신대륙의 은은 동과 서, 양쪽에서 아시아를 향해 갔다

$\frac{1}{3}$

마닐라 갤리온 무역

여진족

이와미 은광

사카테카스 은광

중국

마닐라

아카풀코

일조편법 시행

동남아시아

가격 혁명

유럽

인도

오스만제국

포토시 은광

$\frac{2}{3}$

- - ▶ 은의 흐름

중국   은이 유입된 지역

💬 은 구매로 일어난 사건

대항해 시대 이전

유럽
(베네치아
제노바
콘스탄티노플)

향신료 · 비단 · 도자기 · 염료

지중해   **이슬람 세계**

은

아시아

⬇

대항해 시대 이후

유럽
(암스테르담 · 런던 ·
안트베르펜)

신대륙

은
설탕

은

향신료 · 면화 · 비단 ·
도자기

아시아

상아

장신구
무기

노예

아프리카

유럽 경제의 중심이
북해 주변으로 이동
= 상업 혁명

끈 것이다.

포토시 은광에서 산출되는 은은 1571~1575년 연평균 4만 1,084킬로그램에서 1591~1595년에는 연평균 21만 8,506 킬로그램으로 약 5.3배나 증가했다.

대량의 은은 수송하기 편하도록 멕시코에 있는 화폐 주조소에서 주화(스페인 달러, 멕시코에서 만들어졌기 때문에 멕시코 달러라고도 불렸다)로 만들어졌다. 그 **3분의 2**는 카리브해와 대서양을 통해 스페인 세비야에 있는 **통상원**(1503년 남미 식민지와 교역을 하는 인디오 통상원이 설립되었다―옮긴이)으로 보내졌고, 나머지 **3분의 1**은 명나라의 비단, 도자기 등을 손에 넣기 위해 태평양을 횡단, 필리핀의 마닐라로 보내졌다. 이를 **마닐라 갤리온 무역**이라고 한다. 포르투갈이 서쪽 항로를 이용해 가져간 멕시코 달러는 동쪽 아시아로도 향해 흘러들어갔다.

> **돈의 흐름이 보이는 포인트 ⑩**
> 16세기 멕시코 달러는 세계 최초로 세계 은화가 되었다.

대량의 은이 유럽에 가져온 변화

대항해 시대 이전, 유라시아는 은 부족 사태와 은값 폭등으로 골머리를 앓고 있었다. 그런데 신대륙으로부터 엄청난 양의 은이 유럽과 아시아에 유입되자 반대로 공급 과잉 상태가 되어 은값이 급락한다. 세상사란 좀처럼 생각대로 흘러가지 않는 법이다.

한때 유럽의 은은 대부분 독일 남부에서 산출되었으며, 연간 산출량은 3만 킬로그램이었다. 그러나 16세기 후반에 아메리카 대륙에서 스페인으로 유입된 은은 연간 20만 킬로그램을 넘었을 뿐 아니라 옛 잉카 제국의 강제 노동 제도를 이용해 채굴했으므로 값이 매우 쌌다.

이처럼 은이 대량으로 스페인에 흘러들어갔지만 스페인이 그 70퍼센트를 일련의 종교 전쟁에 탕진하는 바람에 엄청난 양의 은이 유럽 전체로 퍼졌다. 이 때문에 유럽에서는 100년간 은 가격이 3분의 1 이하로 떨어지는 장기 인플레이션이 계속되었다. 이를 '**가격 혁명**'이라고 한다.

자산 가치가 점차 하락하면서 유럽은 상공업자가 활약하는 '**인플레이션의 세기**'로 접어들었다. 15세기부터 독일 남부의 은을 지배해온 후거 가문The Fuggers(종종 이탈리아의 메디치 가문과 비교되는 부호)이 유럽의 금융을 주무르던 시대가 막을 내린 것이다.

1453년에 비잔티움을 무너뜨린 오스만 제국은 동지중해의 상업을 지배해 유럽을 압도할 정도로 그 기세가 대단했지만, 16세기 후반 유럽 경제의 활성화에 밀려 아시아와 유럽을 잇는 무역이 점점 쇠퇴했다. 더욱이 유럽 경제의 중심이 지중해에서 북해 중심의 네덜란드와 영국으로 이동하자 오스만 제국과 여러 이탈리아 도시는 경제적 우위를 잃게 된다. 이를 '**상업 혁명**'이라고 한다.

돈의 흐름이 보이는 포인트 ⑪

신대륙의 은이 대량으로 유입됨으로써 유럽에서는 '가격 혁명'이 일어났다.

신대륙의 은으로 아시아 경제가 활기를 띠다

동아시아에서는 16세기 전반에 일본의 하카타 상인에 의해 개발된 이와미 은광의 은(한때 전 세계 은의 3분의 1을 생산)과 대량으로 유입된 신대륙의 은이 경제 양상을 단숨에 바꾸어 놓았다.

앞서 설명했듯이 16세기 후반에 스페인은 멕시코의 태평양 연안에 위치한 양항 아카풀코Acapulco와 필리핀의 마닐라 사이를 대형 범선 갤리온을 타고 정기적으로 왕복하는 마닐라 갤리온 무역을 시작했다. 그리고 신대륙의 은(멕시코 달러,

멕시코 은)의 3분의 1을 아시아로 가져갔다.

신대륙에서 유입된 막대한 은의 대가로 명나라의 비단과 도자기 등이 신대륙을 경유해 유럽으로 흘러들어갔다. 이를 **'동아시아의 실버 러시**Silver Rush**'**라고 한다. 명나라의 푸젠 지방 상인은 은을 얻기 위해 타이완해협을 거쳐 마닐라로 건너갔고 비단, 도자기와 같은 특산품을 은과 교환했다. 명나라의 특산품은 스페인 선박에 실려 구로시오 해류를 타고 일본 연안을 북상, 산리쿠 앞바다에서 편서풍을 타고 멕시코의 아카풀코로 운반되었으며, 그 후 카리브해와 대서양을 건너 유럽에 전해졌다.

최종적으로 전 세계에 있는 막대한 양의 은이 중국을 목표로 흘러들어갔다. 그러자 명나라에서는 민간 상인의 주도로 이루어지는 밀무역이 점점 기승을 부려, 정부가 관리하는 감합 무역(중국의 주변국이 종속의 표시로 공물을 바치고 답례품을 받는 공무역의 한 형태, 흔히 조공무역이라 지칭된다─옮긴이)이 붕괴되기에 이른다. 하지만 송나라 이래, 동(구리) 부족으로 경제가 침체되어 동전을 지폐(교자, 교초)로 보충해왔던 명나라 입장에서는 오히려 잘된 일이었다.

명나라는 지금까지의 납세 제도 대신 상품으로 유입된 은을 농민에게서 세금으로 거두어들였고, 그 은을 상인에게 팔아 동전으로 바꿈으로써 해묵은 고민거리였던 동전

부족 사태를 해결했다. 즉, 민간의 동전 경제와 징세를 분리해버린 것이다. **명나라는 신대륙의 은이 동아시아에 대량으로 유입된 상황을 적절히 활용해, 제국 체제를 재건했다고** 할 수 있다. 이 제도가 바로 16세기 말에 실시된 **일조편법**一條鞭法으로, 토지세와 인두세를 통합해 은으로 납세하게 한 방식이다.

명 왕조를 이어받은 청 왕조1616~1912도 **지정은**地丁銀이라는 은으로 세금을 징수하는 방식을 채택한다. 하지만 징세 시스템이 세계 시장과 연동된 은에 의존하게 된 것은 제국의 지배력에 치명적인 약점이 되었다. 훗날 아편 전쟁 전후에 발생한 은의 대량 유출과 이에 따른 은값 폭등으로 청나라가 맥없이 붕괴한 사건은 이를 여실히 보여준다.

> **돈의 흐름이 보이는 포인트 ⑫**
> 신대륙의 은이 명나라 징세 시스템(일조편법)에 포함되었다.

세계 은화 '멕시코 달러'에서 유래한 원·위안·엔

스페인은 멕시코에 화폐 주조소를 짓고 대량의 은을 은화로 만들었다. 이렇게 하는 편이 대서양을 통해 운반하기에 편리했기 때문이다. 이 돈이 바로 스페인 달러, 혹은 멕시코 달러다.

멕시코 달러는 세계 최초의 세계 은화로서 유럽과 아시아 대륙에 널리 유통되었다. 한 예로, 태평양을 횡단해 필리핀 마닐라로 운반된 멕시코 달러는 비단, 도자기와 교환되어 명나라에 대량으로 유입되었고, 평량 화폐(거래할 때마다 일일이 감정해야 하는 화폐)가 되어, '**은원**銀圓' 혹은 '**묵은**墨銀'이라 불렸다.

이 명칭을 바탕으로 한국의 **원**圓(둥글다는 뜻), 중국의 위안元(圓과 똑같은 음. 글자가 복잡해 '元'으로 간략화), 일본의 엔円(圓과 똑같은 뜻)이란 통화의 이름이 탄생했다. 동아시아의 통화명은 공통으로 멕시코 달러라는 주화에 그 뿌리를 두고 있는 셈이다.

참고로 달러dollar의 어원은 16세기 이후 유럽의 표준 은화였던 보헤미아산 대형 '탈러 은화'다. 탈러thaler란 은이 채굴되는 '골짜기'란 뜻이다.

멕시코 달러
전 세계에서 처음으로
세계 통화가 되었다.

제7장

장기간의
영불 식민지 전쟁으로
'국채'와 '지폐'가
등장하다

"천체 운행은 계산할 수 있지만,
인간의 광기는 계산할 수 없다."
아이작 뉴턴

청어 덕분에 탄생한 해운 강국 네덜란드

'17세기의 위기'라는 말이 있다. 17세기 유럽은 신대륙의 은 감소와 이상 기후에 따른 흉작으로 침체기에 빠진 데다가 종교 대립에 의한 내전으로 오랜 기간 혼란을 겪었다.

이 시대에 스페인의 식민지였던 네덜란드에서는 프로테스탄트(신교도) 주민이 일치단결해 가톨릭을 강요하는 종주국 스페인과 80년간이나 투쟁을 벌였다. 이 사건을 **네덜란드 독립 전쟁**1568~1648이라고 한다.

네덜란드는 전쟁을 치르면서 유럽의 해운을 지배했다. 인도양까지 진출해 포르투갈을 밀어내고 대서양의 설탕 무역을 지배함으로써 세계 무역을 절반을 지배하는 해운 강국으로 성장한 것이다.

"네덜란드인은 꿀벌처럼 모든 나라에서 이익을 가로챈다. 노르웨이는 그들의 삼림이고, 라인강, 가론강, 도르도뉴강 유역은 그들의 포도 농장이며, 독일, 스페인, 아일랜드는 그들의 양 목장, 페르시아, 폴란드는 그들의 곡물 창고, 인도, 아라비아는 그들의 정원이다."

당시 네덜란드인의 경제 활동을 설명해주는 이 기록은 네덜란드의 세계 무역이 유럽 내부를 기반으로 했다는 사실을 말해준다.

네덜란드 경제가 성장하게 된 배경에는 해운업이 있었고, 조선업이 이를 뒷받침했다. 1650년경 네덜란드 선박은 1만 6,000척, 선원은 16만 3,000명에 달했으리라 추측된다. 네덜란드는 작은 나라임에도 당시 영국의 네다섯 배에 달하는 선박을 소유했는데 이는 영국, 스페인, 포르투갈, 독일의 선박 수를 합친 것보다 많은 것이었다.

그럼 네덜란드에서 조선업이 발달한 이유는 무엇일까? 뜻밖의 행운이라 할 만한 이야기지만, 결론부터 말하면 '겨울에 먹는 생선'인 몸길이 30센티미터쯤 되는 **청어** 덕분이다. 청어는 14세기경, 발트해 입구에 위치한 덴마크령의 좁은 해협에 알을 낳기 위해 떼로 몰려들었다. 이 청어를 **한자 동맹**Hanseatic League에 가입한 독일 상인이 대량으로 포획해 소금에 절인 뒤 유럽 각지에 판매해 큰 수입을 올리고 있었다.

한자 동맹은 중세 후기, 북부 독일이 중심이 되어 발트해 연안 지역의 무역을 독점하고 유럽 북부의 경제권을 지배한 도시 동맹이다. 한자 동맹으로 해상 무장 세력이 된 독일 상인은 바이킹으로부터 발트해 상권을 빼앗았다. 그리고 소금에 절인 청어는 발트해의 대표 상품이 되었다.

그런데 신린을 위해 몰려들어야 할 칭어가 15세기 이후 급격하게 줄어들었다. 청어 어장이 육지에서 멀리 떨어진 북해로 이동한 까닭이었다. 수요가 많은 청어를 북해에 면한 네덜란드가 잠자코 보고만 있을 리 없었다. 1~3월에 걸쳐 북해 서부의 파도가 휘몰아치는 어장에서 네덜란드 어선은 그물로 청어를 잡았다. 그리고 배 위에서 내장을 제거하고, 소금과 식초에 절여 가공한 청어를 유럽 각지로 수출해 막대한 수입을 올렸다.

예부터 유럽에서는 예수가 광야에서 단식 수행을 한 것을 기억하기 위해 부활절부터 거슬러 올라가 40일간(사순절)은 고기를 먹지 않는 관습이 있었다. 그 밖에도 이런저런 이유로 고기를 먹어서는 안 되는 날이 1년에 90일 이상이나 되었다. 동물과 물고기의 중간쯤 되는 생물로 여겨졌던 비버나 민물고기는 포획량에 한계가 있었던 탓에, 거의 전 유럽에서 대중적인 생선인 청어를 먹었다.

북해에서 대규모 청어 조업이 발달한 이유는 이처럼 엄청난 청어 수요 덕분이었다. 1350년경에는 청어를 배 위에서 바로 나무통에 저장하는 기술이 개발됨으로써 거친 편서풍이 부는 바다에서 이루어지는 청어 조업이 더욱 활기를 띠게 되었다.

전해지는 말에 따르면 암스테르담의 부르주아(유산 계급)는 청어 조업의 고마움을 누구보다 잘 알고 있었으므로, "이 마을은 청어 뼈로 세워졌다"라며 자랑했다고 한다.

네덜란드 동인도회사가 '초고배당'이었던 이유

연방제로 국력이 약한 네덜란드가 아시아나 신대륙에 진출하기 위해서는 상인이 직접 함대를 정비하고, 식민지를 지배하는 데 필요한 인프라를 정비해야만 했다. 인프라 정비에는 많은 자금이 필요했으므로 국가가 상인에게 많은 특권을 주었고, 이로 인해 '주식회사'가 탄생했다.

항해에는 해안 사고가 뒤따르기 마련이라 투자를 유치하기 위해서는 출자자의 책임을 출자액으로 한정(유한 책임)하고, 선박이 난파되어도 출자자가 파산할 위험을 제거해야만 했다. 주식회사가 유한 책임을 지는 주주의 공동 출자로 성립된 까닭은 바로 여기에 있다.

출자 증명서로 주식이 발행되었다. 주식은 증권으로서 거래소에서 매매할 수 있었으므로, 주주는 주식 배당금뿐 아니라 매매에 따른 가격 상승 또한 기대할 수 있었다. **세계**

최초의 주식회사는 1602년에 설립된 네덜란드 동인도회사

Vereenigde Oost-Indische Compagnie, VOC였다.

　당시에는 해난 사고가 자주 발생했으므로 보통은 항해가 한 번 끝나면 회사를 해산하고 이익을 동등하게 배분했다. 계속 출자하면 반드시 큰 손실을 보게 되기 때문이다. 하지만 네덜란드에서는 회사가 국가를 대신해 시설, 항만, 해군을 정비해야만 했으므로 정부는 희망봉에서 마젤란해협에 이르는 광대한 지역의 무역, 식민, 군사 독점권과 같은 특권을 회사에 주었다. 그리고 회사는 주주에게 고액의 배당금을 지급함으로써 회사를 유지해나갔다.

　동인도회사는 빈번하게 발생하는 해난 사고의 위험을 감수하는 대가로 주주에게 연간 3.5퍼센트의 이자를 지급하기로 약속했다. 위험성이 컸던 탓에 높은 수익을 미끼로 자금을 모을 수밖에 없었던 것이다. 1606년 네덜란드 동인도회사의 배당금은 무려 75퍼센트에 달했다고 한다. 그러자 출자자도 늘어 자본금은 6년간 4.6배로 가파르게 증가한다.

　1602년부터 1696년까지 동인도회사가 주주에게 지급한 배당금은 20퍼센트 이상으로, 때로는 50퍼센트가 넘을 때도 있었다고 한다.

'넘쳐나는 돈'이 튤립 버블을 일으키다

안정된 투자처를 찾지 못한 자금이 투기에서 출구를 발견하고 몰려들 때 버블이 발생한다. 국토 면적이 좁고 국내 경제 규모가 작은 네덜란드에서는 자금을 투자할 곳이 마땅치 않았던 탓에 튤립 구근을 둘러싸고 버블이 일어났다.

17세기, 본래 지중해 동부에 자생하던 튤립을 정원에 심게 되면서 튤립은 네덜란드에서 '궁정의 꽃'으로 각별한 사랑을 받았다. 각종 구근이 수입되었고 품종 개량이 이루어지면서 2,000종류가 넘는 다양한 모양과 빛깔, 무늬를 가진 튤립 구근이 만들어졌다. 이러한 상황에서 희소가치가 큰 구근에 높은 가격이 책정되자 튤립은 점차 투기의 대상으로 떠올랐다.

1634~1637년에 걸쳐서 '튤립 마니아'라 불리는 애호가들은 구근을 파는 사람과 직접 거래했지만(상대 거래), 여기에 서민들의 '돈'이 과도하게 흘러들면서 버블이 시작되었다. 구근의 입찰 제도가 도입되면서 가격은 천정부지로 치솟아 올랐다.

구근을 '굴리기만' 해도 이익이 늘어나니, 이보다 쉬운 돈벌이가 없었다. 누구도 가격이 폭락할 위험성 따위는 생각하지 않았다. 거래량이 늘어나자 '일정한 가격에 구근을 손에 넣을 권리'가 매매(옵션 거래)되기 시작했고, 집이나 살림살이를 담보로 투자금을 빌릴 수도 있었다. 버블은 더욱 더 부풀어 올랐다.

진딧물에 기생하는 바이러스에 의해 탄생한 돌연변이 튤립으로, 반점이 특징인 '브로큰 튤립'에는 3,000길더Guilder라는, 입이 떡 벌어질 만큼 높은 가격이 매겨졌다. 3,000길더는 당시 부유한 상인의 1년 치 수입과 맞먹는 금액이었으므로 서민에게는 그림의 떡이나 마찬가지였다.

그런데 1637년 2월 지금까지 하늘 높은 줄 모르고 치솟기만 하던 튤립 가격이 갑자기 곤두박질치기 시작했다. 상황을 발 빠르게 판단한 사람들이 적당한 시기를 가늠하다가 매도에 나선 것이다.

가격 폭락에 대한 공포심이 점점 커지면서 이에 당황한 많은 사람이 너도나도 매도한 결과, 튤립 가격은 순식간에 100분의 1로 폭락했다. 폭락한 구근 거래를 둘러싸고 분쟁이 빈번하게 발생하자 정부가 튤립 거래를 규제하는 법률을 제정한 것도 버블 붕괴 현상을 부추겼다.

튤립 버블이 꺼진 후 네덜란드 경제는 만성 디플레이션에 빠졌고 장기 금리도 계속 하락했다. 그 결과 네덜란드에 축적되었던 '자본'이 이번에는 경제 성장이 기대되는 신흥국 영국을 향해 이동하게 되었다.

스페인의 재정난이 무적함대를 함몰시키다

영국의 튜더 왕조House of Tudor, 1485~1603에서는 바이킹의 전통을 이어받은 '사략선Privateer'이 크게 활약했다.

사략선은 국왕으로부터 적국의 배를 빼앗을 권리를 인정받은 일종의 해적선인데, 이 배가 은을 운반하기 위해 대서양을 왕래하던 스페인 선박을 습격한 것이다. 대형선, 무기, 승조원, 자금, 장물 시장, 후원자(포로가 됐을 때는 석방을 위해 노력) 등으로 구성된 **사략선 조직은 고수익이 기대되는 합법적인 해적업**이었다.

사략선은 평균 3,000~4,000파운드(현재 가치로 환산하면 한화로 약 25~32억 원—편집자 주) 정도의 수입을 올렸으리라고 추측된다. 그중 5분의 1이 선장의 몫이고, 나머지가 후원자인 귀족에게 갔다. 영국을 '신사의 나라'라고 하지만, 지배층의 성향은 바이킹으로부터 계승한 모험주의였다.

1588년에는 해적 행위를 반복하는 영국을 제압하기 위해 파견된 군함 130척, 승조원 1만 명, 육상 병력 1만 9,000명으로 구성된 스페인의 무적함대 그랑 아르마다Grande Armada가 도버해협에서 영국 사략선과 해군에 패배하는 대사건이 일어났다. **이 아르마다 해전은 대서양의 해상 패권이 스페인에서 영국으로 넘어가는 계기가 되었다.**

그런데 최강이라고 불린 스페인을 지탱하던 그랑 아르마다가 어째서 영국의 해군에게 패배한 것일까? 그 이유로는 '아르마다의 지휘관인 귀족이 해전을 지휘한 경험이 없었다', '아르마다는 주로 대형 함선이어서 움직임이 둔했다', '바람의 방향이 무적함대에 불리하게 작용했다' 등 다양한 견해가 있지만 근본적인 이유는 스페인의 재정이 악화해 함선을 보충하기 어려운 상태였다는 데 있다.

스페인에는 신대륙에서 유입된 막대한 양의 은이 있었는데, 어째서 이런 일이 벌어진 것일까. 그 이유는 다음과 같다.

① 오스만 제국과의 전쟁, 네덜란드 독립 전쟁, 종교 전쟁 등의 각종 전쟁 탓에 은이 군사비로 사용돼 국외에 대량 유출되었다.

② 유대교도 추방령으로 경제 능력이 탁월한 유대인이 국외로 대거 유출되었다.

③ '신대륙'에서 대량 유입된 은으로 인플레이션이 일어나 국내 산업이 쇠퇴했다.

④ 거래할 때마다 징수되는 소비세('아르카바라'라고 함) 때문에 민중의 생활이 궁핍해졌다.

지극히 종교적이어서 상업에는 재능이 없었던 스페인의

귀족들은 신대륙에서 값싼 은이 대량으로 유입되는 유리한 조건을 활용해야겠다는 생각이 없었다. 오히려 유입된 은에 전적으로 의지한 탓에 점점 빈곤해졌다.

스페인 국왕 펠리페 2세Felipe II, 재위 1556~1598는 재정 악화로 네 번이나 공적 채무 불이행(디폴트) 선언을 반복했다. 16세기 말 스페인 왕실의 채무는 국내총생산GDP의 3분의 2에 달했다고 하니, 도저히 아르마다를 지원할 수 있는 재정 상태가 아니었던 것이다.

영국 제일주의로 네덜란드를 무너뜨린 크롬웰

아르마다 해전으로부터 약 60년 후, 영국의 정치가이자 군인인 올리버 크롬웰Oliver Cromwell, 1599~1658은 청교도 철기대를 조직해 국왕군을 물리치고, 1649년에 찰스 1세Charles I, 재위 1625~1649를 처형했다. 이 사건이 바로 **청교도 혁명**이다.

크롬웰은 전투에서 승리해, '주석 행정관이자 치안관'이라는 권한을 가진 '호국경'이 된다. 그리고 독재자가 되어 인기를 얻기 위해 스코틀랜드와 아일랜드를 무력으로 정복했고, 카리브해의 자메이카섬에도 거점을 구축했다.

더욱이 1651년 크롬웰은 **항해법**을 제정해 네덜란드의 중계 무역에 심각한 타격을 주었을 뿐 아니라 영국 국기를 모욕했다며 네덜란드에 시비를 걸었다. 결국 **세 차례에 걸친 영국-네덜란드 전쟁에서 승리함으로써 영국은 네덜란드로부터 유럽의 경제 패권을 빼앗아오는 데 성공한다.**

뒤에서 설명하겠지만 네덜란드인은 경제를 중시했으므로 영국-네덜란드 전쟁에서 패한 뒤에는 더 이상의 전쟁을 피했다. 네덜란드는 이후 투자를 통해서 영국 경제를 지배하게 된다.

크롬웰의 세상을 떠난 후 온건파인 의회는 국외에 망명 중이던 왕족을 불러들였고, 군주제를 부활시켰다(왕정복고). 하지만 프랑스에서 돌아온 가톨릭 신자인 국왕이 의회와 협조하기를 거부하자 의회는 1688년에 국왕을 폐위하고, 네덜란드 총독이던 윌리엄 3세William III, 재위 1689~1702와 그의 아내 메리를 새로운 국왕으로 세웠다. 이전까지 다스리던 국왕 제임스 2세James II, 재위 1685~1688는 국외로 망명했다.

여기까지가 명예혁명의 교과서적인 설명이다. 하지만 실제로는 루이 14세Louis XIV, 재위 1643~1715 시대의 프랑스가 압도적인 육군력으로 네덜란드를 위협했었다는 사실이 중요하다. **명예혁명은 영국·네덜란드 대 프랑스 동맹의 성립을 의미했다.**

네덜란드와 영국이 가까워지자 네덜란드의 유대 상인은

새롭게 떠오르는 영국 경제에서 상업의 기회를 발견하고 자신들이 지원했던 새로운 국왕과 함께 런던으로 이주했다. 이후 국제적인 민족 네트워크를 가진 **'화폐와 금융의 장인'**, **유대인**이 영국 금융계에서 큰 활약을 펼친다.

명예혁명 이후 영국에서 국채가 정착한 이유

명예혁명 이후 약 100년간 영국은 북아메리카 및 인도를 둘러싸고 프랑스와 장기 식민지 전쟁(영국-프랑스 제2차 백년전쟁)을 벌였다.

영국보다 세 배나 많은 인구에 루이 14세가 창설한 유럽 최강의 육군을 보유한 프랑스의 힘은 절대적이었다. 기나긴 전쟁 끝에 결국 영국이 승리하기는 했지만, 막대한 자금이 투입된 대전이 되고 말았다.

영국-프랑스 전쟁 초기, 즉 명예혁명 직후에 네덜란드에서 영국으로 전해진 것이 바로 이슬람 세계에서 이탈리아 도시로 이어져온 '어음 혁명'을 계승한 **국채**였다. 국채란 이탈리아 도시의 제도를 계승해 17세기 말 이후 영국에서 발행된 국가의 차금 증서(국가가 발행하는 약속 어음)다.

중세 시대의 국왕은 전쟁할 때마다 금융업자와 상인을

협박해 돈을 빌렸지만, 때때로 갚지 않았기 때문에 상인은 왕에게 돈을 빌려주기를 꺼렸다. 하지만 명예혁명으로 주권이 의회로 넘어가자 **왕의 채무가 국가의 채무로 바뀌어 의회가 세금으로 상환해주겠다고 확실히 약속했으므로 국채는 갑자기 안정적인 투자 대상으로 변한다.**

참고로 국채는 '소브린sovereign'이라 불리는데, 소브린은 본래 '신의 주권'을 의미했다. 그러나 1648년 베스트팔렌 조약으로 왕이 주인인 주권국가 시대가 되자 '왕의 주권'이란 의미로 바뀌었고, 주권이 의회로 넘어가자 '의회의 주권'으로 그 뜻이 바뀌었다. 국채가 소브린이라 불린 까닭은 의회가 채무 상환을 보증한다고 강조한 까닭이다.

영국이 해군력을 증강해 프랑스와 치른 장기전에서 승리를 거둔 이유는 전적으로 **재정상의 우위**에 있었기 때문이다. **국채 제도가 정비된 덕분에 전쟁 시에 국채를 대량으로 발행할 수 있었던 것이다.** 하지만 국채는 어디까지나 국가의 차금 증서이므로, 피치 못할 사정으로 국가가 상환하지 못하게 될 때는 휴지 조각으로 변했다. 국채가 거액이 되면 국채를 인수할 사람을 찾기가 어려웠으므로 정부는 연금형 국채를 만드는 등 온갖 아이디어를 동원해 전쟁 자금을 모으려 안간힘을 썼다.

어떻게 민간 은행인 잉글랜드은행이
지폐를 발행할 수 있었을까

잉글랜드은행은 1694년 스코틀랜드인 상인 윌리엄 패터슨 William Paterson, 1658~1719의 제안으로 직접 정부에 전쟁 자금을 빌려주는 민간의 국책 은행으로 설립되었다. 즉, 정부의 지갑이 되겠다는 당찬 포부하에 만들어진 상인들의 은행인 셈이다.

이와 같은 은행이 탄생한 이유는 단순하다. 국채 발행만으로는 막대한 전쟁 비용을 모으기가 불가능했기 때문이다. 상인들이 정부의 약점과 무지를 기회로 잡은 것이다.

잉글랜드은행의 최초 주주는 1,268명에 달했다. '정부가 상인에게서 직접 군사비를 조달할 수 있는 은행'을 설립하게끔 정부를 부추긴 사람은 한때 카리브해의 해적이었다는 설까지 나돌던 '승부사' 패터슨이었다.

명예혁명으로 왕위에 오른 윌리엄 3세는 프랑스와의 전쟁으로 재정이 피폐해지자 전쟁 비용을 저금리로 융자받는 대신 잉글랜드은행에 자본금 내에서 이자가 붙는 **무기명 날인 어음**(은행권)을 발행하도록 허가했다. 민간 상인이 모여 만든 잉글랜드은행이 금화 대신 쓰일 이음을 발행하는 것을 인정한 셈으로 쉽게 말해 '종이돈을 만들어도 좋다'고 허락한 것이다.

　잉글랜드은행의 '무기명 어음'은 실질적인 영국 지폐의 시작이 되었다. 물론 처음에는 종이돈을 발행하는 데 기한이 설정되어 있었지만, 영국-프랑스 제2차 백년 전쟁이 오랜 기간 이어졌으므로 기한이 한없이 연장되는 동안 지폐는 영국 사회에 자리를 잡았다. 똑같은 상황이 여러 번 반복되면서 서서히 **지폐의 사용을 기성사실로 받아들이게 된 것**이다.

　잉글랜드은행은 지폐를 유통해(빌려주어) 민간으로부터 이자를 모은 다음 그 일부를 국채 매입이란 형태로 국가에 융자했다. 영국 정부는 재무의 상당 부분을 민간 잉글랜드은행에 통째로 맡겼고, 상인은 종이돈을 발행함으로써 막대한 수입을 올렸다.

　그런데 '무기명 어음'은 유대인이 유대인이란 이유로 재정을 몰수당했던 시대에 재산을 보전하기 위해 고안해낸 방법이었다. 어음에 수신인이 적혀 있지 않으면 누구의 자산인지를 특정할 수 없었기 때문이다. 이 '무기명 어음'의 활용 범위가 커지자 수신인이 적혀 있지 않은 날인 어음이 발

민간 은행인 스톡홀름은행이 은화·동화 부족에 대처하기 위해 1661년에 발행한 어음(은행권). 주화와의 태환, 지참인 지급 등이 기재되어 있다. 잉글랜드은행이 발행한 지폐도 이와 같은 무기명 어음의 형식을 따랐다.

행되었고, 이것이 점차 지폐(은행권)로 변모해갔다.

초기의 파운드 지폐는 위조될 우려가 있어 고액권으로 한정되었고, 크기 또한 커서 어음과 상당히 흡사했다. **파운드 지폐의 원형이 어음이었던 까닭에 최초의 지폐에는 '이자'가 붙었던 것이다.**

잉글랜드은행은 은행권(지폐)을 금고에 보관된 금화와 무조건 교환(태환)해주겠다고 보증했다. 이것이 바로 지폐가 가진 '신용'의 원천이었다.

프랑스와 미국에서도 민간 상인이 지폐를 발행하다

잉글랜드은행처럼 지폐를 독점 발행하게 된 민간 은행을 **중앙은행**이라고 한다. 이후 잉글랜드은행은 오랫동안 순수한 민간 은행으로서 지폐를 계속 발행했다. 잉글랜드은행이 국유화된 때는 놀랍게도 제2차 세계대전 이후다. 이때가 되어서야 드디어 '돈은 공공성을 가진다'라는 인식이 퍼진 것이다.

영국이 세계 역사상 최대 제국이었던 19세기에는 특정 민간 상인이 국가로부터 위임을 받아 지폐를 발행했다. 현재 우리의 생각으로는 선뜻 이해가 가지 않겠지만, 프랑스의 중앙은행, 미국의 연방준비은행FRB 등은 모두 민간 은행이다. 돈의 발행권을 특정 상인(은행가)이 쥐고 있고, 국가는 여기에 법화로서의 유통력을 보증하는 시대가 오랜 기간 이어졌던 것이다.

금본위제, 유럽의 기준이 되다

17세기 말의 영국은 아시아 경제의 영향을 받아 유럽 대륙보다 상대적으로 은값이 낮았으므로 상인이 직접 은화를 녹여 덩어리 형태로 만들어 수출하는 일이 점점 늘어났다. 1690년에는 6개월 만에 과거 5년간 주조된 은화의 10분의 1 이상이 은덩이로 만들어져 국외로 유출되었다.

이 같은 상황 속에서 '만유인력의 법칙'을 밝혀낸 유명한 과학자 아이작 뉴턴Isaac Newton, 1642~1727은 1696년, 친구인 재무부 장관 찰스 몬터규Charles Montague의 제안으로 런던탑에 있는 조폐국의 감사가 된다. 주화 제조를 책임지는 감사라는 자리는 급여 외에도 금화·은화 발행 시마다 화폐 주조세로부터 수입을 얻을 수 있었으므로, 수입이 꽤 괜찮았다.

뉴턴은 훗날 조폐국 장관으로 승진해 금을 기준으로 하는 새로운 통화 시스템을 제안하는데, 이는 **영국이 금본위제로 이행하는 계기**가 되었다.

1717년 뉴턴은 재무부에 다음의 세 가지 사항을 건의했다.

① 중국과 인도에서는 금값이 현저히 낮은 탓에 은값과 균형이 맞지 않는다. 이 현상이 유럽의 은값 상승을 부추겨,

영국에서 은이 계속 유출되고 있다.

② 값싼 금의 산지는 유럽이 아니라 신대륙이다.

③ 지폐로 부족한 주화를 보충할 수 있지만 그러려면 지폐의 '신용도'를 높여야만 한다.

당시 영국에서는 1662년 이후에 기계로 주조된 양질의 은화와 그 이전에 쓰였던 옛 은화가 함께 유통되고 있었다. 하지만 기계로 주조된 은화는 은을 많이 함유하고 있어 유럽 대륙에서 비싸게 팔렸으므로 계속해서 유럽 대륙으로 유출되었다. 그 결과 영국에는 가장자리가 잘려나간 품질이 낮은 옛 은화만이 남게 되었다.

뉴턴은 신대륙의 금 가격이 낮다는 점에 착안해 1717년에 기존의 다양한 금화를 통일해 21실링짜리 기니 금화(아프리카 기니에서 주조된 금화란 뜻)를 주조했다. 뉴턴은 기니 금화를 기준으로 삼아 금값을 조금 낮추려는 목적에서 금과 은의 교환 비율을 1대 15.21로 정했다. 이를 **뉴턴의 금은비가**金銀比價라고 한다.

하지만 실제로는 뉴턴의 금은비가에 맞게 금값이 하락한 것이 아니라 은값이 상승하면서 사태가 일단락되었다. 사람들이 은화를 녹여 은의 양이 감소하자 영국에서는 통화가 금화 중심으로 바뀌면서 은화는 차츰 보조화폐로 변했다.

기니 금화는 1기니에 21실링이라는 어중간한 가격의 기축 금화로서 100년 남짓 유통되었다. 하지만 1817년에 정확하게 1파운드의 가치를 가진 소브린 금화가 등장하면서 소브린 금화에 자리를 내주게 된다.

소브린 금화는 자유롭게 녹일 수 있었으므로, 금 약 7.32그램이 1파운드로 평가받았다. 소브린 금화는 이후 약 100년 간 세계 기준통화의 자리를 군건히 지켰다.

돈의 흐름이 보이는 포인트 ⑮
18세기 초 영국에서는 조폐국 장관이었던 아이작 뉴턴에 의해 금본위제의 기반이 마련되었다.

불환지폐와 국채를 연동하려 한 존 로

국채를 발행하는 정부 입장에서 국채의 인수처를 찾기란 그리 간단한 일이 아니다. 그러다 보니 정부의 이 같은 약점을 이용해 한몫 챙기려는 약삭빠른 상인들이 군집하게 되었다. 거의 같은 시기에 영국과 프랑스에서 일어난 버블 사건은 모두 국채와 얽혀 있다.

18세기 초 프랑스는 **미시시피 회사**Mississippi Company의 주식을 담보로 시범적으로 지폐를 발행했다. 미시시피 회사는 새롭게 프랑스의 식민지가 된 미시시피강 유역(미국 루이지애나주) 개발을 담당한 회사다.

주모자는 스코틀랜드 출신 은 세공 장인의 아들로, 지폐를 발행해 재정을 확충해야 한다고 주장한 존 로John Law, 1671~1729였다.

로는 23세 때 여성을 둘러싼 결투에서 상대를 살해해 사형을 선고받지만 친구의 도움으로 탈옥한 뒤 암스테르담에 정착했다. 거기에서 금융 기술을 배운 후 스코틀랜드로 돌아와 화폐와 상업에 관한 저서를 발행했다. 그는 잉글랜드은행이 지폐를 발행한 것에 자극받아 지폐를 발행하는 더욱 효율적인 방법이 있다고 생각했다.

로는 영국과의 전쟁에 드는 막대한 비용을 마련하지 못해 전전긍긍하는 프랑스에서 불환지폐를 발행하겠다는 목표를 세웠다. 이로 인해 국립은행을 설립해 불환지폐를 발행하면 경기도 좋아지고 막대한 발행 이익 또한 챙길 수 있다고 주장했다. **'신용이 있고 구매력이 보증된다면 지폐는 금·은과 조금도 다를 바가 없다'** 는 것이 그의 지론이었다.

야망을 달성하기 위해 로는 프랑스의 최고 권력자에게 접근했다. 그는 루이 15세Louis XV, 재위 1715~1774의 섭정이자 루이 14세의 조카인 오를레앙공의 환심을 샀다. 그리고 1716년에 지폐 발행권을 가진 사적인 은행, 뱅크제너럴(일반은행)을 설립하는 데 성공해 프랑스에서 최초로 불환지폐를 발행했다. 잉글랜드은행이 설립된 지 약 20년 후의 일이다.

이 은행은 1718년에 뱅크로열(왕립은행)로 국영화되었고, 지폐인 리브르livre는 프랑스의 통화로 인정받았다. 부르봉 왕가는 세금을 모두 리브르 화폐로 거두어 불환지폐의 유통을 촉진함으로써 경기 회복에 성공한다.

하지만 리브르는 불환지폐로 그 자체에는 가치가 없었던 까닭에, 로는 특허 회사(절대주의 시대에 왕실로부터 독점 특허장을 받아 무역이나 생산의 독점권을 인정받은 회사)의 주식을 통해 리브르에 가치를 부여하려 했다. 이리하여 1717년 로는 특허회사인 미시시피 회사의 경영권을 손에 넣는다.

미시시피 회사는 북아메리카의 프랑스 식민지인 루이지애나주 개발과 25년간에 걸쳐 프랑스-루이지애나 간의 무역을 독점할 권한을 부여받았다. 루이 14세의 이름에서 따온 루이지애나는 멕시코만에서 캐나다에 이르는 미시시피 강 유역의 광활한 미개척 '경제 공간'이었다.

로는 미시시피 회사가 자신의 은행으로부터 불환지폐를 빌려 귀족이 보유한 국채를 사들이고, 한편으로는 귀족이 미시시피 회사의 주식을 사는 시스템을 구축해나갔다.

즉 불환지폐를 매개로 시장에서 액면가를 크게 밑도는 가격으로 거래되던 국채를 액면가에 미시시피 회사의 주식으로 치환하려는 계획이었다. 미시시피 회사의 주식으로 불환지폐와 국채에 가치를 부여하려 한 것이다.

불환지폐와 국채의 선순환을 만들어내려면 반드시 미시시피 회사의 주가가 상승해야만 했다. 이런 까닭에 로는 회사의 수익을 늘리기 위해서 국가로부터 담배 무역 독점권을 획득해 루이지애나에 수많은 이주자와 노예를 보냈다. 이때 건설된 항구 도시가 미시시피 하구의 뉴올리언스다.

로는 주가를 끌어올리기 위해 회사의 무역 특권을 확대했을 뿐 아니라 높은 배당금, 주식의 분할 매입, 기존 주주에게 주식을 할인해 판매하는 등, 온갖 수단을 도입했다. 부르봉 왕가 입장에서도 국채 상환에 협력해주는 미시시피 회사는 매우 고마운 존재였으므로 많은 특권을 아낌없이 주었다.

프랑스 왕실을 배후에 둔 미시시피 회사의 주식은 엄청난 인기를 끌었고, 프랑스는 물론 영국, 네덜란드를 비롯한 유럽 각지에서 매수 희망자가 속출했다. 1719년이 채 지나기도 전에 주가는 18배 급등했다.

주식이 매수하기 곤란할 정도로 인기를 끌자 급기야 거품이 끼기 시작했다. 1,000리브르인 주가가 1만 리브르 이상이 되었으므로 주식을 산 사람은 떼돈을 벌었다. **'밀리어네어(백만장자)' 라는 말도 이 버블에서 생겨났다고 한다.**

로는 재무 능력을 인정받아 프랑스의 재무장관으로 전격 발탁되지만 결국 버블이 터지는 때가 찾아온다. 1720년 5월 이 되자 전혀 수익을 내지 못하는 미시시피 회사에 대한 열기가 단숨에 식어 주가가 급격하게 폭락했다. 이와 동시에 미시시피 회사의 높은 주가로 '신용'을 보장받았던 뱅크로열의 지폐도 휴지 조각으로 변해버렸다. 훗날 프랑스 혁명의 간접적인 원인으로 지목받았을 만큼 경제는 크게 붕괴했다.

재산과 지위를 모두 잃고 겨우 목숨만 부지한 로는 이탈리아로 망명, 베네치아에서 객사했다. 이듬해 미시시피 회사가 모든 주식을 폐기하기로 하면서 프랑스의 불환지폐 발행은 실패로 끝나고 말았다.

남해 포말 사건도 국채가 얽혀서 일어난 버블

미시시피 회사의 버블이 붕괴한 후 곧바로 일어난 사건이 바로 영국의 **남해 포말 사건**South Sea Bubble이다.

1711년에 정부와 민간의 공동 출자로 세워진 남해 회사 The South Sea Company는 주식을 발행해 얻은 자금으로 영국 국채를 인수하겠다고 정부에 요청했다. 당시는 스페인 왕위 계승 전쟁1701~1713이 정부 재정을 압박하던 시기였으므로, 국채를 인수하겠다고 나서는 회사는 정부에 있어 매우 고마운 존재였다.

하지만 회사 측에도 나름대로 이점이 있었다. 애초에 남해 회사는 라틴아메리카의 식민지 경영을 맡은 도급 회사였지만, 스페인이 식민지로 지배하던 라틴아메리카에서 이익을 얻기란 극히 어려운 일이었다. 이런 까닭에 **남해 회사는 국채를 자사주로 전환해 판매하는 금융 기관이 되어 경영을 재건하고자 했다.** 1720년이 되자 회사는 정부로부터 인수하는 국채와 똑같은 액수의 주식을 발행할 권리를 획득하는 데 성공한다.

남해 회사가 거액의 국채를 매입하려면 자사 주식을 되도록 높게 매각해 국채 매입 자금을 마련해야만 했다. 이로 인해 회사는 총리, 재무장관 등에 주식 구매권(스톡옵션)을 주는 식으로 뇌물을 보냈고, 뇌물의 대가로 새로운 주식의 발행 가격을 회사가 자유롭게 정할 수 있는 권리를 획득한 것이다.

'남해 회사가 자사 주식을 원하는 가격에 자유로이 발행할 수 있다'는 안건이 의회를 통과하자, 회사는 영국이 스페인 왕위 계승 전쟁의 결과로 스페인 식민지에서 노예무역을 할 권리를 획득했다고 대대적으로 선전해 주가 상승을 꾀했다. '남해 회사가 노예무역으로 많은 이윤을 낼 것이 틀림없다'는 소문이 퍼져나가면서 붐이 일어나, 남해 회사의 주가는 반년 만에 거의 열 배나 상승했다. 좀처럼 오지 않는 기회라는 미래에 대한 기대감으로 주가가 수직 상승한 것이다. 주가와 국채의 액면 차액이 커질수록 회사의 이익은 계속 커졌다.

상황이 이 정도쯤 되면 오히려 기회에 편승하지 않는 편이 더 이상하다. 남해 회사의 주식이 좋은 평가를 받자 어쩐지 미심쩍어 보이는 회사들이 우후죽순으로 생겨났고, 이 회사의 주식 또한 일제히 급등했다. 근거 없는 기대감으로 만들어지는 버블이란 모두 이런 식이다.

하지만 실제로는 전쟁이 끝난 후에도 스페인이 라틴아메리카에서 무역을 계속 독점한 탓에 영국의 노예무역은 궤도에 오르지 못했고, 남해 회사의 활동 실적이 빈약하다는 사실이 차츰 수면 위로 드러났다.

열기는 단숨에 식었다. 고작 두 달 만에 주가가 5분의 1로 대폭락하는 상황이 벌어져 많은 투자자가 큰 손해를 보았다. 이것이 그 유명한 남해 포말 사건이다.

당시 조폐국 장관이었던 과학자 뉴턴도 한번은 주식을 팔아 한몫 챙겼지만, 또다시 높은 가격에 주식을 사는 바람에 2만 파운드나 손해를 보았다고 한다. 뉴턴은 이런 말을 남겼다.

"천체 운행은 계산할 수 있지만, 인간의 광기는 계산할 수 없다."

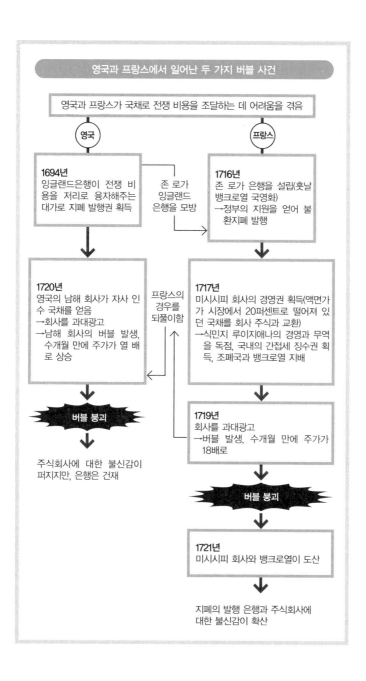

영국과 프랑스에서 일어난 두 가지 버블 사건

영국과 프랑스가 국채로 전쟁 비용을 조달하는 데 어려움을 겪음

영국 | 프랑스

1694년
잉글랜드은행이 전쟁 비용을 저리로 융자해주는 대가로 지폐 발행권 획득

존 로가 잉글랜드 은행을 모방

1716년
존 로가 은행을 설립(훗날 뱅크로열 국영화)
→정부의 지원을 얻어 불환지폐 발행

1720년
영국의 남해 회사가 자사 인수 국채를 얻음
→회사를 과대광고
→남해 회사의 버블 발생, 수개월 만에 주가가 열 배로 상승

프랑스의 경우를 되풀이함

1717년
미시시피 회사의 경영권 획득(액면가가 시장에서 20퍼센트로 떨어져 있던 국채를 회사 주식과 교환)
→식민지 루이지애나의 경영과 무역을 독점, 국내의 간접세 징수권 획득, 조폐국과 뱅크로열 지배

버블 붕괴

주식회사에 대한 불신감이 퍼지지만, 은행은 건재

1719년
회사를 과대광고
→버블 발생, 수개월 만에 주가가 18배로

버블 붕괴

1721년
미시시피 회사와 뱅크로열이 도산

지폐의 발행 은행과 주식회사에 대한 불신감이 확산

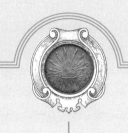

제8장

'은화'에서
'지폐'의 시대로
통화 시스템을 재편성한
영국

"나는 어떤 꼭두각시가 권력을 획득하는지
신경 쓰지 않는다.
영국의 통화를 지배하는 자가
대영제국을 지배하는 것이고,
나는 영국의 통화를 지배한다."
네이선 로스차일드

미국 독립 전쟁은 선술집에서 시작됐다?

18세기 말에서 19세기 초에 걸쳐 신대륙과 여러 유럽 국가가 차례차례 모습을 바꾸었다. 그 계기는 미국의 독립 전쟁이다. '대항해 시대' 이후 유럽은 이민과 전쟁을 통해 신대륙을 식민지에 편입시켜왔다. 16~17세기에 스페인과 포르투갈이 중남미를 정복했고, 17세기 말 이후에는 영국과 프랑스가 북미 지배권을 둘러싸고 반세기 이상 간헐적으로 식민지 쟁탈전을 벌였다.

프렌치-인디언 전쟁1754~1763은 두 나라의 운명을 가르는 결전이 되었고, 전쟁에 승리한 영국이 북미 지배권을 확립했다. 하지만 사태는 진정되지 않았다. 영국이 대국 프랑스(인구가 영국의 세 배)에 승리한 이유는 국채로 전쟁 비용을 안정적으로 조달할 수 있었기 때문이었다. 그런데 그 누적된 적자 국채가 실로 어마어마한 금액이어서, 무려 1억 3,000만 파운드에 달했다. 북미 식민지를 유지하려면 항상 1만 명의 군대가 필요하다는 사실을 깨닫게 된 영국 정부는 등골이 서늘해졌다. 새로운 재원이 필요해진 까닭이다.

이로 인해 **정부는 식민지 지배를 강화하고 본국과 비슷한 수준으로 세금을 부과하기로 했다.** 당시의 세금 내용을 살펴보면 소득세의 개념은 없었고 인지세와 물품세가 전부였다. 식민지 주민들로서는 갑작스럽게 세금을 내라는 바다 건너편 본국의 명령을 받아들이기 어려웠다. 선술집에 모인 식민지 주민의 분노가 반대 운동으로 번졌고, 그곳에서부터 대변동이 시작되었다.

미국의 독립에 공헌한 외교관이자 저술가인 벤저민 프랭클린Benjamin Franklin, 1706~1790은 "필라델피아에는 주민 25명에 하나꼴로 선술집이 있다"고 했는데, 실제로 선술집은 본국인 영국보다 식민지에 훨씬 밀집되어 있었다. 식민지 민중이 독립 전쟁에 이르는 과정에서 일어난 사건들, 예컨대 급진파 단체 '자유의 아들들'을 결성한 것이나 보스턴 차茶 사건, 렉싱턴전투는 모두 소란스러운 선술집에서 계획되었다.

미국 독립 전쟁은 지그재그로 진행된 기묘한 전쟁이었다. 식민지 측은 독립을 주장하는 3분의 1의 애국파Patriots와 본국에 대한 순종을 주장하는 10퍼센트의 왕당파Loyalists로 나뉘었고, 나머지의 절반 이상은 무관심해서 어느 쪽도 상관없다는 사람들이었다.

당시에는 본국의 지배 정책으로 인해 식민지는 바늘 하나에 이르기까지 본국의 제품을 강제로 수입해야만 했던 터라, 무기와 탄약 모두 충분하지 않아 도저히 전투를 치를 만한 형편이 아니었다. 그런데도 전쟁을 단행할 수 있었던 이유는 선술집 특유의 취기와 고양감 때문이었다. 세상일이란 실제로 일어나기 전에는 예측하기 어려운 법이다.

식민지가 영국에 반기를 들자 이를 자신의 세력을 회복할 절호의 기회로 여긴 인물이 있었다. 영국과 치른 전쟁에서 패배한 부르봉 왕가의 루이 16세Louis XVI, 재위 1774~1792다. 프랑스는 장기간 이어진 전쟁으로 영국처럼 재정이 약했지만, 식민지 측에 무기를 지원하고 군대를 파견하기로 했다.

이것이 바로 미국의 독립은 '부르봉 왕가의 백합 문장이 새겨진 총'에 의해서 달성되었다고 일컬어지는 까닭이다. 프랑스가 식민지 측에 서자 세력 균형의 관점에서 네덜란드, 스페인을 비롯한 유럽 나라들이 뒤이어 독립 전쟁에 뛰어들었다. 쉽게 말해 **프랑스의 리턴 매치가 13개 식민지의 독립 전쟁을, 여러 유럽 국가까지 끌어들인 대서양 규모의 대전으로 바꿔버린 것이다.**

환대서양 세계가 직면한 변화

유럽 사람들은 알아차리지 못했지만, 전쟁은 유럽 절대주의 제국의 힘을 약화해 결과적으로 식민지 미국을 지배할 권한은 본국이 아닌 이민 자손 쪽으로 넘어갔다. 그러자 미국 독립 전쟁 후 남북아메리카와 여러 유럽 국가는 도미노 현상과도 흡사한 대변동에 직면하게 된다. 대서양 세계의 단속적 변동은 구체적으로는 4단계로 진행되었다.

① 미국 독립 전쟁(1775~1783)

② 프랑스 혁명(1789~1799)

③ 나폴레옹 전쟁(1803~1815)

④ 여러 라틴아메리카 국가의 독립(1810~1820년대)

이 사건들을 총칭해 **환대서양 혁명**이라 부른다. 신대륙의 식민지는 본국이 아닌 유럽에서 건너온 이민자들이 지배하게 되었고, 유럽에서는 왕과 귀족이 중심이었던 신분 사회가 무너져 대서양 주변에 의회가 결정하는 '법'의 지배를 받는 **국민국가**가 확산됐다.

환대서양 혁명

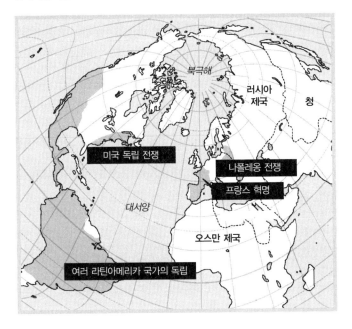

인플레이션으로 시작해 초인플레이션으로 끝난 프랑스 혁명

앞에서 설명했듯이, 프랑스의 부르봉 왕가는 영국에 대항하기 위해 재정적 압박에도 여러 차례 미국에 군대를 파견하고 무기를 지원했다. 애초부터 국고가 바닥나기 직전이었던 탓에 미국이 독립한 지 6년 후에 결국 프랑스는 재정 파탄을 맞다. 더군다나 이상 기후로 흉작이 이어져 1789년에는 빵 가격이 70퍼센트나 상승, '빵 폭동'이 확산됐다.

진퇴양난에 빠진 부르봉 왕가는 세금 면제 특권을 가진 귀족에게 세금을 걷으려 했지만 기득권을 잃고 싶지 않은 귀족은 냉정하게 거절했다. 더군다나 눈앞의 이익밖에 보지 못하는 귀족은 이를 기회로 세력을 회복할 속셈으로 삼부회를 열 것을 요구했다.

삼부회란 세 개의 신분(제1신분은 성직자, 제2신분은 귀족, 제3신분은 세금을 부담하는 다수의 평민)**의 대표자가 중요 의제를 논의했던 신분제 의회다.**

그런데 삼부회가 열리자 특권 계급에 대한 제3신분의 불만이 폭발했다. 삼부회는 옥신각신을 거듭한 끝에 제3신분이 헌법 제정을 요구하며 국민의회를 결성하기에 이르렀다. 그야말로 대혼란에 휩싸였다. 결국 1789년 파리 시민이 실력 행사에 나섰다. 의회와 국왕의 대립을 더는 참지 못한 파리 시민이 바스티유 감옥을 습격함으로써 프랑스 혁명이 발발한 것이다. 혁명 초기에 주도권을 잡은 국민의회는 독립 전쟁에 의용군을 조직해 참전한 귀족 마르키스 드 라파예트 Marquis de La Fayette, 1757~1834가 미국의 '독립 선언'을 본보기로 삼아 초안을 마련한 '인권 선언'을 채택했다.

프랑스는 오랜 전통을 가진 만큼 사회가 복잡하므로 혁명 과정 또한 수많은 문학 작품에 등장할 정도로 극적이었다. 1793년에 루이 16세가 처형되고 1795년에 총재 정부가 성립되면서 혁명은 막을 내렸다. 이로써 **프랑스는 유산 계급이 지배하는 국민국가**가 되었다.

프랑스 혁명은 본래 정부의 재정난에서 비롯되었다. 혁명 직후, 정부는 재정난을 해결하기 위해 국유화된 **교회의 토지와 재산을 담보로 아시냐**Assignat(이자가 5퍼센트 붙은 채권)를 발행했다.

아시냐는 교회의 재산을 담보로 하는 일종의 약속어음으로, 혁명 때 100만 명을 무장시키는 과정에서 발행량이 늘어 실질적으로는 지폐로 바뀌었다. 하지만 총재 정부가 혁명을 수습해 통제되었던 경제가 풀리자 총재 정부는 아시냐를 과도하게 계속해서 찍어냈다. 이 일이 한몫해 **1795년**에는 **세계 최초로 초인플레이션**이 일어났다. 결국 **아시냐는 액면가의 고작 1,000분의 3의 가치밖에 안 되는 완전한 휴지 조각으로 변했고, 이듬해에는 발행이 중지**되었다.

총재 정부는 국유지와 교환해 아시냐를 회수함으로써 인플레이션을 수습할 작정이었지만 쿠데타로 정권을 쥔 나폴레옹은 반대로 아시냐 회수를 정지한다. 결과적으로 아시냐는 많은 프랑스 민중의 생활을 파멸에 이르게 했다.

프랑스 혁명 때 총재 정부가 발행한 이자가 붙은 채권 '아시냐'

나폴레옹 전쟁을 계기로 '금융의 시대' 연 로스차일드

프랑스 혁명 후, 징병제로 대규모 군대를 조직한 나폴레옹
은 나폴레옹 전쟁으로 프랑스 혁명의 성과를 지켜냈을 뿐
아니라 유럽 각국을 격파하고 대륙의 패권자가 되었다. 그
리고 이 전쟁으로 거액의 전쟁 비용을 마련해야만 했던 유
럽에 바야흐로 '금융의 시대'가 찾아왔다.

　대륙을 제패한 나폴레옹은 1806년 대륙봉쇄령을 내려 유
럽 대륙의 국가들과 영국의 통상을 전면적으로 금지했다.
자유무역을 내세워 유럽의 상업을 지배했던 '바다의 제국'

영국에 도전장을 내민 것이다.

하지만 대륙의 농업국 프랑스에는 영국을 대신할 만큼의 식민지는 물론 상업 기술도 없었으므로, 러시아를 비롯한 농업국의 반발로 대륙봉쇄령은 실패로 끝났다. 게다가 나폴레옹이 모스크바 원정에서 대패해 급속하게 몰락하는 바람에 영국의 경제 패권은 흔들리지 않았다.

나폴레옹 시대에는 대륙 전체가 전쟁터였기 때문에 상상을 초월하는 전쟁 비용이 들었다. 이런 까닭에 막대한 군사비를 융통해주는 금융업자가 국가를 좌지우지했다.

이 시대에 유럽 최고의 금융업자로 출세한 이들이 바로 나폴레옹 전쟁을 능숙하게 이용한 프랑크푸르트 출신의 유대인 **로스차일드 가문**이다. 그들은 정보망과 화폐를 다루는 기술을 구사함으로써 차츰 두각을 드러내기 시작했다. 영국 국적을 취득한 로스차일드가의 셋째 아들 네이선 로스차일드Nathan Rothschild, 1777~1836는 엘바섬에 유배되었던 나폴레옹이 탈출해 프랑스 황제로 화려하게 귀환하며 워털루 전쟁을 일으켰을 때, 비둘기 통신을 이용해 '나폴레옹이 패배했다'는 정보를 발 빠르게 입수했다. 그리고 증권 거래소에서 영국의 연금형 국채(원금은 상환하지 않고 계속 이자만 내는 국채)를 눈에 띄도록 대량으로 매각해 투매를 부추긴 다음 가격이 크게 폭락했을 때 다시 사들임으로써 엄청난 차익을 챙겼다.

가히 상징적이라 할 만한 사건으로, 나폴레옹의 몰락을 초래한 이 전쟁에서 네이선이 막대한 자금을 벌어들인 덕분에 로스차일드 가문은 훗날 영국 경제를 지배하게 되었다.

네이선의 성공은 유럽이 금융의 시대로 접어들었으며, 정치를 읽는 안목과 정확한 정보가 곧 돈벌이 수단이 되는 시대가 되었음을 의미했다. 로스차일드 가문은 프랑크푸르트, 파리, 빈, 나폴리에 은행을 설립해 빈 체제를 뒷받침하는 '유럽의 은행'으로 성장했다. 이 사건은 금융업자가 귀족, 군인을 대신해 정치가와 함께 권력을 쥐는 시대가 시작되었음을 시사한다.

돈의 흐름이 보이는 포인트 ⑯
나폴레옹 전쟁을 계기로 유럽은 '금융의 시대'로 이행했다.

영국은 어떻게 파운드 지폐의 신용도를 높여 통화로 만들었을까

영국은 1689년 이래 100년 넘게 프랑스와 간헐적으로 전쟁을 벌였다. 이런 까닭에 17세기 말 1,670만 파운드였던 국채 발행액은 미국 독립 전쟁이 끝난 1783년에는 2억 4,500만 파운드로 14.6배가 되어 지급해야 할 국채 이자가 무려 세입의 40퍼센트에 달했다. 재정이 급속도로 악화한 것이다.

이러한 재정 상황 속에서 1803년부터 나폴레옹 전쟁에 돌입했으므로 영국의 재정은 더욱 악화되었고, 잉글랜드은행이 발행하는 지폐에 대한 신뢰도는 크게 흔들렸다. 만일 영국이 나폴레옹군에 패배하기라도 한다면 국가 재정이 파탄 나는 것은 물론 국채, 지폐 할 것 없이 단숨에 가치를 잃게 된다. 불안감이 커진 국민은 수중의 지폐를 금화로 교환하기 위해 잉글랜드은행에 몰려들었다.

그러자 윌리엄 피트William Pitt, 1759~1806 총리는 파운드 지폐의 일시적인 태환 정지를 단행했다. 잉글랜드은행에서 금화가 유출되는 것을 막지 않으면 전쟁을 계속하기가 불가능했기 때문이다.

나폴레옹 전쟁이 끝난 후 피트 총리는 민간 잉글랜드은행을 구제하기 위한 지폐의 태환 정지를 언제까지나 지속할 수는 없다고 판단했다. 그리고 '잉글랜드은행의 지폐와 금의 태환을 재개하기 위한 방책을 검토하는 비밀 위원회(위원장이 필이었기 때문에 필 위원회라고 부른다)'를 설치해 지폐의 태환 재개를 검토하기 시작했다.

1816년에는 화폐법이 제정되어 신용도가 높은 소브린 금화(순금 7.32그램을 포함)가 새로이 주조되었다. 소브린 금화라는 확실한 금화의 발행으로 금본위제가 부활하게 되었고, 이와 더불어 금화와 태환되는 파운드 지폐의 신용 또한 단숨에 높아졌다.

소브린 금화는 1917년까지 100년간 금화에 포함되는 순금량을 일정하게 유지해 파운드 지폐의 가치를 담보하는 역할을 계속해왔다. 영국과 잉글랜드은행은 지폐가 남발되는 오늘날과 달리 지폐의 신용을 유지하는 데 신중한 태도를 보였다.

1821년 5월에는 **잉글랜드은행이 발행하는 지폐는 언제라도 소브린 금화와 교환이 가능할 뿐 아니라,** 금화를 금덩어리로 만들어 사용할 수도 있게 되었다. 이로써 금과 동등해진 파운드 지폐는 신용이 높아져 점차 사회에 뿌리를 내렸다.

중앙은행인 잉글랜드은행에서 자신들이 발행한 지폐와 같은 금액의 금을 보관함으로써, 금과 지폐의 태환을 보증했다. 그 결과 **돈의 중심은 점차 은화에서 간단히 추가 발행할 수 있는 지폐로 옮겨갔다.** 영국은 신용이 높은 파운드 지폐를 탁월하게 이용함으로써 세계 경제를 움직이게 된다.

하지만 파운드 지폐에도 위기가 닥쳤다. 1825년 런던에서 일어난 금융 공황이 잉글랜드은행에까지 영향을 미친 것이다. 사람들은 파운드를 금과 교환하기 위해 잉글랜드은행에 몰려들었다. 이때 네이선 로스차일드는 유럽의 로스차일드 금융망을 이용해 대량의 '금'을 조달했다. 그리고 금과의 태환을 보증함으로써 잉글랜드은행을 위기에서 구해내는 데 성공한다.

당연히 잉글랜드은행 내에서 로스차일드 가문의 영향력은 한층 강해졌다. 영국의 군사비와 행정비를 모두 잉글랜드은행이 발행하는 파운드 지폐로 충당했으므로 통화 발행권은 점차 권력의 중추를 차지하게 되었다.

1833년에는 잉글랜드은행의 은행권이 법화(통화)로 정해져, 모든 국민이 잉글랜드은행권의 수취를 거부할 수 없게 되었다. 1844년 로버트 필Robert Peel, 1788~1850 총리는 보유하는 금괴와 은괴 액수에 1,400만 파운드를 더한 금액 안에서 독점적으로 파운드 지폐를 발행할 수 있는 권한을 잉글랜드은행에 주었다. 민간 은행이었던 잉글랜드은행이 파운드 지폐를 독점적으로 발행할 권한을 가진 중앙은행으로 승격된 것이다. 이후 잉글랜드은행은 각국 중앙은행의 모델이 되었다.

돈의 흐름이 보이는 포인트 ⑰

19세기 중반 잉글랜드은행은 파운드 지폐를 독점적으로 발행하는 중앙은행이 되었다.

"은본위제를 타도하라!" 영국이 감행한 대모험

19세기 영국의 지상 과제는 아시아의 은 경제에 승리하는 것이었다. 영국에는 은화가 절대적으로 부족했기 때문이다. 이를 위해서 영국은 전 세계적으로 은본위제를 금본위제로 전환하고 파운드 지폐를 세계 통화로 만드는 데 혈안이 되었다.

19세기 전반까지는 '금·은복본위제'라고 해, 은화와 금화가 함께 사용되었지만 세계적으로 보면 은 경제가 압도적으로 우세했다. 하지만 '신대륙'에서 산출된 은은 대개 오랜 세월에 걸쳐서 중국, 인도로 흘러들어가 축적되었기 때문에 영국은 아시아 무역에서 만성적인 은 부족 문제로 골머리를 앓아왔다.

이런 까닭에 영국은 18세기 전 세계에서 산출되는 금의 80퍼센트를 차지했던 브라질 금(출하 항구는 리우데자네이루)을 바탕으로 통화 시스템을 금본위제로 바꾸려는 계획을 세운다. 만일 성공할 경우 **인쇄기를 돌리기만 하면 계속해서 찍어낼 수 있는 대량의 파운드 지폐가 아시아의 은을 대체하는 것이다.**

가장 큰 문제는 파운드 지폐의 가치를 담보하기 위한 금이 부족하다는 점이었다. 하지만 당시에는 전 세계에 금이 얼마만큼 있는지 그 누구도 알지 못했으므로 마치 금을 가지고 있는 것처럼 행동하기만 해도 충분했다.

참고로 현재까지 전 세계에서 채굴된 금의 총량은 약 18만 3,600톤(2014년 현재)으로, 올림픽 경기가 열리는 수영장(50×25미터)의 세 배에 달하는 양이라고 한다. 미국 지질 조사소의 추정 합계를 보아도 금의 추정 매장 총량은 5만 6,000톤에 불과하다. 실제로 파운드 지폐와 교환 가능한 만큼의 금은 애초부터 존재하지 않았다.

그러나 돈을 다루는 기술이란 곧 없는 것을 마치 실재한다는 듯이 믿게 만드는 능력이다. 영국으로서는 캘리포니아, 오스트레일리아, 캐나다, 알래스카 등에서 잇달아 **골드러시**Gold rush가 일어난 게 참으로 다행스러운 일이었다. 잉글랜드은행은 일련의 골드러시가 만들어낸 '금에 대한 환상'을 최대한 이용해 엄청난 도박에 나섰다. 금에 대한 사람들의 욕망을 교묘하게 이용한 파운드 지폐로 야심차게 세계 경제를 재편한 것이다.

금본위제 보급으로 지폐의 시대가 열리다

19세기 후반 각지에서 은 광산이 개발됨에 따라 정련법(광석에서 순도 높은 금이나 은을 뽑아내는 방법—옮긴이)도 덩달아 발전한다. 그 결과 은값이 계속해서 폭락하자 은화를 보조 화폐로 쓰려는 움직임이 강해졌다. 이 같은 '은화 격하' 움직임에 영국의 이웃 나라 프랑스가 이의를 제기했다.

당시 유럽 최대의 은 시장을 파리에 보유한 프랑스의 나폴레옹 3세Napoleon III, 재위 1852~1870는 1867년 파리에서 **유럽 주요국 대표가 모이는 세계 최초의 국제 통화 회의**를 개최했다. 그리고 프랑스의 프랑을 유럽의 기축통화로 삼아 유럽 통화를 통일하고, 유럽의 각국 통화가 상호 보완해주는 라틴 통화 동맹Latin Monetary Union, LMU을 제창했다. 회의의 주요 내용은 금값과 은값을 1:15.5로 고정하고, 은을 통화로 부활시키며, 각국 통화의 교환 비율을 고정하자는 것이었다.

북아메리카에서는 1889년에 개최된 **범아메리카 회의**에서 미국의 달러와 멕시코의 페소를 기축통화로 하는 **아메리카 은 달러**를 창설하고 은화를 아메리카 대륙 국가들의 공통 통화로 하자는 안건이 가결되었다.

또 같은 해 미국에서는 공화당이 연방 정부가 국내에서 생산된 모든 은을 매입해 은화를 주조하는 것을 의무화하는 '**셔먼 은 구매법**Sherman Silver Purchase Act'이 제정되었다. 이는 런던의 금·파운드 경제에 대항해 뉴욕을 중심으로 은화 경제권을 만들려는 공화당의 속셈이었다.

하지만 1893년 미국이 심각한 불황에 빠지자, 민주당 출신의 스티븐 클리블랜드Stephen Grover Cleveland, 1837~1908 대통령은 은화가 금융 혼란을 초래한다는 이유로 '셔먼 은 구매법'을 폐지해버린다. 그 결과 은 가격이 크게 폭락해 '아메리카 은 달러' 구상은 일시적으로 중단된다.

그 후에도 미국에서는 중서부의 농업 지대를 중심으로 '금본위제는 동부와 외국 자본이 결탁한 음모'라는 목소리가 높아, 1896년에 있었던 대통령 선거에서도 금본위제가 쟁점으로 떠올랐다.

공화당의 윌리엄 매킨리William McKinley, 1843~1901 후보는 금본위제의 존속을 주장했고, 민주당과 인민당의 지명을 받은 상대 후보는 자동으로 디플레이션을 막을 수 있다는 이유로 금·은복본위제를 주장했다. 선거에서 근소한 차이로 공화당이 승리함으로써 미국에서는 금본위제가 존속하게 된다.

한편 영국은 19세기에 해군력과 정보 수집 능력, 금융의 힘으로 전 세계 패권을 장악했다. 섬나라인데도 세계의 4분의 1에 해당하는 사람과 땅을 지배한 것이다. 세계 무역의 주력 상품인 면제품을 지배하고, 기축통화인 파운드, 세계적 규모의 무역 결제 네트워크, 국내 자금 조달 시스템을 발달시킴으로써 영국은 절대적인 힘을 발휘했다.

19세기 후반에는 영국이 대량으로 인쇄할 수 있는 파운드 지폐를 교묘하게 사용해 금융 제국으로서 세계 경제를 움직였다. 이러한 상황 속에서 '파운드 경제와 결탁하는 편이 이득'이라고 생각하는 나라가 차츰 늘어났다. 은에 비해 금은 산출량이 절대적으로 부족하므로 금본위제하에서는 필연적으로 지폐를 널리 사용하게 된다. **금본위제가 보급됨에 따라 지폐의 시대가 열린 셈이다.**

1871년에는 프로이센-프랑스 전쟁(보불 전쟁)의 승리로 성립된 독일 제국이 금화와 태환되는 마르크 지폐를 발행하겠다고 선언했다. 그러자 금본위제와 금화가 보증하는 지폐가 단숨에 우세해지면서 지폐의 시대로 이행하려는 움직임에 가속도가 붙었다.

미국과 일본도 각각 금본위제를 채택해 지폐를 발행했다. 일본은 청일전쟁으로 획득한 거액의 배상금을 바탕으로 금본위제로 이행했다. 1897년 배상금을 런던 금융 시장에서 약 278톤 분량의 순금으로 수령해 금본위제에 합류한 것이다.

이처럼 금본위제는 영국을 모방한 각국이 금과 자국 지폐의 교환을 무제한으로 보증하는 체제를 도입함으로써 세계화되었다. 그러나 아직 국제적인 제도로 명문화된 것은 아니었다.

돈의 흐름이 보이는 포인트 ⑱

1870년대 이후 금과 자국 지폐의 무제한 교환을 보증하는 나라가 늘면서, 세계는 은화 시대에서 금본위제하의 지폐 시대로 전환했다.

영국의 통화 '파운드'로 보는 은본위제의 흔적

영국은 전 세계 해외 주식 투자액의 43퍼센트라는(1914년 기준) 압도적인 경제적 우위를 바탕으로 아시아에서 우위를 점하는 은 경제를 금이 보증하는 지폐 경제로 교묘히 유도했다. 이는 화폐 시스템이 점차 영국을 비롯한 유럽 중심의 시스템으로 전환된다는 의미였다.

참고로 영국의 통화 단위인 '파운드£'의 정식 명칭은 '파운드 스털링Pound sterling'이다. 이 말은 고대 로마에서 보석이나 귀금속의 무게를 재는 단위 '리브라Libra'에서 유래했다. '스털링'은 고대 영어로 '별이 붙은 것'이란 뜻으로, 플란타지네트 왕가에서 은화 주조에 종사했던 스털링 가문의 문장을 의미한다.

즉, 중세 영국에서는 은본위제를 채택했으므로 스털링 가문이 고대 로마에서 은 1파운드로 240개의 은화를 만든 것을 모방해 은화를 주조했다는 사실을 보여준다. 이런 까닭에 파운드는 리브라에서 L을 따와 £로 표기하게 되었다.

대불황을 발판 삼아 세계의 공장에서 '세계의 은행'으로

경제는 일반적으로 호황과 불황을 반복하고, 호황의 마루가 높으면 높을수록 불황의 골이 깊어진다. 1873~1896년에 걸쳐 오스트리아 빈 증권거래소의 주식 폭락으로 시작된 금융 위기가 유럽에서 미국으로 퍼져나갔다. 이후 '대불황Great Depression'이라 불리는 심각한 구조적 불황이 22년간이나 이어졌고, 그 사이에 물가는 무려 30퍼센트 이상 하락했다.

유럽을 휩쓴 '대불황'의 원인으로는 철도가 활발하게 건설되어 유럽이 공업화됨에 따라 물자가 과잉 생산된 점, 세계적 규모의 식민지 체제가 형성되면서 값싼 농산물이 유입된 점을 꼽을 수 있다. 영국에서는 1880년대에 식료품 수입액이 전체 수입의 45퍼센트에 달해 지주층이 몰락했다.

장기 불황이 계속된 이 시기는 신기술이 등장하는 **제2차 산업혁명**과 때를 같이 한다. 석유를 사용하는 내연기관이 새로운 에너지로 등장하고, 선철(거친 철)이 강철(강인하고 가

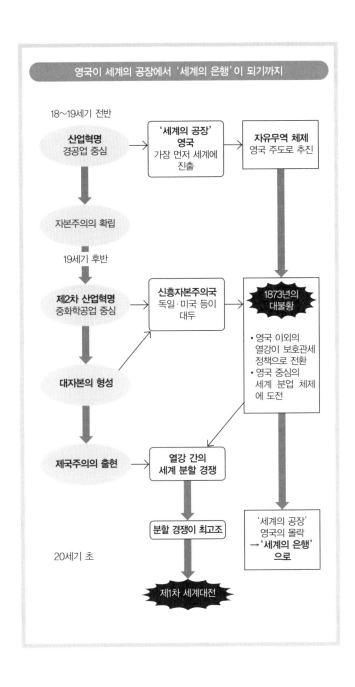

영국이 세계의 공장에서 '세계의 은행'이 되기까지

18~19세기 전반

산업혁명
경공업 중심

→ '세계의 공장'
영국
가장 먼저 세계에
진출

→ **자유무역 체제**
영국 주도로 추진

자본주의의 확립

19세기 후반

제2차 산업혁명
중화학공업 중심

→ **신흥자본주의국**
독일·미국 등이
대두

→ 1873년의
대불황

• 영국 이외의
열강이 보호관세
정책으로 전환
• 영국 중심의
세계 분업 체제
에 도전

대자본의 형성

제국주의의 출현

→ **열강 간의
세계 분할 경쟁**

분할 경쟁이 최고조

'세계의 공장'
영국의 몰락
→ '세계의 은행'
으로

20세기 초

제1차 세계대전

공성이 뛰어난 철)로 바뀌어 막대한 설비를 투자해야 하는 중화학공업이 산업의 중심으로 떠오르면서 **영국은 '세계의 공장' 이란 지위를 잃었다.**

유럽과 북아메리카 공업 제품 시장을 잃은 영국은 인도, 중동, 중국에 면제품과 같은 소비재를 수출하는 데 집중했다. 영국이 식민지에 자유무역을 강요하고, 주변의 따가운 시선에도 아랑곳없이 '경제 공간'을 확대할 수밖에 없었던 원인은 여기에 있다.

영국이 무역 결제에 파운드 어음을 사용함으로써 19세기 말에는 파운드 지폐가 전 세계를 순환하는 **다각적 결제 시스템**으로 완성된다. 영국은 차츰 이자·배당 수입에 의존하는 '세계의 은행', 세계의 금융 서비스 센터로 변모해갔다. 이와 함께 영국은 미국, 오스트레일리아, 캐나다, 인도, 아르헨티나 등의 **주식에도 엄청난 돈을 투자**하기 시작했다. 1875년에 10억 파운드 남짓이었던 투자액이 20세기 초에는 약 30억 파운드에 달했을 정도다.

영국은 세계 각지에 투자한 자금에서 나오는 이자·배당금 수입, 인도나 동아시아 국가, 오스만 제국과의 무역에서 발생한 흑자로 유럽 및 미국과의 무역에서 발생한 적자를 메우는 방식으로 국제 수지의 균형을 유지했다. 이를 통해 **런던이 세계 경제의 중심**이 되는, 돈과 물자의 흐름이 완성되었다.

'금' 소유욕이 일으킨 보어 전쟁

금이 부족하다는 사실을 숨기면서까지 금본위제를 유지해온 영국의 눈빛을 변하게 한 사건이 발생한다.

때는 1884년, 장소는 아프리카 남부에 있는 보어인(네덜란드계 이민자의 자손)의 나라 트란스발공화국Transvaal Republic이다. 트란스발공화국의 위트워터스랜드에서 대규모 금광이 발견된 것이다. 트란스발공화국 정부는 이 지역을 국유화하고 물밀듯 밀려드는 영국인 채굴업자에게 구역을 나눠 채굴권을 인정해주었다. 이후 5년 뒤 이번에는 지표 근처에서 엄청난 규모의 금광맥이 발견되면서 남아프리카는 세계 최대의 금 산지로 떠올랐다.

그러자 영국은 전 세계에서 쏟아지는 비난에도 아랑곳하지 않고 1899년에 인정사정없이 보어인의 트란스발공화국, 즉 **오렌지 자유국**Orange Free State(오렌지강과 발강 사이에 위치)을 상대로 **보어 전쟁**(남아프리카 전쟁)을 일으켰다.

영국은 국채로 막대한 액수의 전쟁 비용을 조달하고, 자치령의 지원군을 포함한 약 45만 명의 군대를 투입했다. 그리고 2억 3,000만 파운드의 비용을 들여서 게릴라전으로 대항하는 보어인을 초토화하는 작전을 펼친 끝에 강제로 양국을 통합해버렸다. 금본위제의 기초를 공고히 하고 싶었던 영국은 남아프리카의 돈이 너무나도 탐났던 것이다.

아편으로 무너진 청나라의 '은 경제'

앞에서도 설명했듯이, 중국에서는 본래 화폐로서 동전이 유통되었지만, 명·청 시대에는 신대륙에서 들어와 축적되어 있던 막대한 양의 은을 조세 납부에 이용했다. 농민이 곡물을 팔아 받은 은을 조세로 내는 시스템으로, 은은 제국 통치의 근간이었다.

이 근간을 뒤흔든 것이 영국과 미국 상인에 의한 아편 무역이다. 아편의 대가로 많은 은이 국외로 유출된 탓에 은값이 급등했고 이로 인해 농민들의 생활은 점차 궁핍해졌다. **청나라는 민간에서 사용하던 동전이 아니라 제국 통치를 지탱하던 은값의 급등으로 쇠망에 이른 것이다.**

당시 청나라에서 대외 무역을 위해 개방된 항구는 광둥뿐이었다. 이곳에서 무역을 거의 독점하다시피 한 나라가 홍차를 어떻게든 손에 넣어야만 했던 영국이었다.

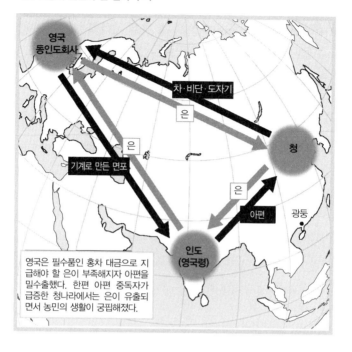

아편 전쟁의 원인이 된 삼각 무역

영국
동인도회사

차·비단·도자기
은

은

기계로 만든 면포

청

은

아편

광둥

인도
(영국령)

영국은 필수품인 홍차 대금으로 지급해야 할 은이 부족해지자 아편을 밀수출했다. 한편 아편 중독자가 급증한 청나라에서는 은이 유출되면서 농민의 생활이 궁핍해졌다.

산업혁명 이후 영국에서는 홍차 수요가 늘어나는 바람에 홍차를 청나라에서 수입해야만 했다. 하지만 영국에는 청나라 상인이 홍차 대금으로 요구한 은이 부족했다. 때때로 은이 부족한 탓에 홍차를 조달하지 못하는 상황이 발생해 커다란 문제가 되자 영국은 인도에서 재배하던 아편을 '약'으로 위장해 청나라에 밀수출했다. 중독성이 강한 아편을 흡입함으로써 200만 명이나 되는 사람이 아편에 중독되었다. 이제는 반대로 대량의 은이 아편 대금으로 청나라에서 영국으로 빠져나갔고, 그 결과 청나라 내에서 은값이 급등했다.

은값이 단기간에 급등하자 농민이 내야 할 은의 양도 두 배로 치솟아 농업 사회는 점차 무너져갔다. 농민과는 아무런 관계도 없는 곳에서 일어난 경제 변화가 농민을 궁핍하게 만든 셈이다.

청나라는 아편의 유입을 강제로 막으려 했지만 영국은 기어이 전쟁으로 끌고 갔다. 전쟁에서 진 청나라는 몰수한 아편 대금을 지급하고, 홍콩마저 억지로 양도해야 하는 처지로 전락하고 말았다. 또 아편 무역이 합법화되면서 은의 대량 유출과 은값 폭등이 이어졌다. 폐쇄적이었던 청나라의 경제는 아편으로 무너지고 만 것이다.

그 결과 청나라에서는 **태평천국**太平天國이라는 농민반란이 퍼졌고 1,000만 명이나 되는 농민이 굶주림으로 목숨을 잃었다. 영국과 프랑스는 중국 사회가 중국 남부를 점령한 태평천국과 북부의 청 왕조로 이등분된 상황을 이용, **애로호 사건**(제2차 중영 전쟁)을 일으킴으로써 청을 유럽 중심의 국제 질서 속으로 편입시키는 데 성공한다. 이때 러시아 제국은 청과 영국·프랑스 사이를 중재한다는 구실로 청으로부터 아무르강(헤이룽강)의 왼쪽 기슭, 우수리강 동쪽의 연해주를 강탈했다.

　이후 영국은 인도의 아쌈 지방에서 찾아낸 찻잎을 '임페리얼 티('질 좋은 차'라는 뜻)'로 칭하고, 식민지인 인도와 실론(스리랑카)의 플랜테이션 농장에서 독자적으로 대량 생산했다.

제9장

민간 은행이 난립했던 신흥국 미국에서 중앙은행이 설립되기까지

1861년에 발발한 남북 전쟁을 '노예 해방 전쟁'이라며,
북부의 전쟁 프로파간다를 그대로 기술한 책이 많다.
하지만 실제 남북 전쟁은 세계에서 가장 높은 보호관세를
계속 유지하려는 미합중국에서 자유무역을 주장하는
남부의 11개 주가 독립하려 한 전쟁이었다.

7,000종의 지폐와 713개의 은행

이쯤에서 대항해 시대로부터 350년 후 신대륙에 새로운 경제 중심지를 구축한 미국에 관해서 살펴보자. 20세기 후반이후, 미국이 패권국으로 세계 경제를 이끌어가고 있다는 사실은 누구나 다 알고 있으므로 그 과정을 하나의 장을 할애해 설명하지 않을 수 없다.

미국에서는 독립 후 연방 정부의 권한을 강화하는 정책 중 하나로 통화 문제가 거론되었다. 초대 대통령 조지 워싱턴George Washington, 1732~1799 밑에서 재무장관을 맡은 알렉산더 해밀턴Alexander Hamilton, 1755?~1804은 미국이 농업 식민지 상태에서 벗어나기 위해서는 반드시 산업을 일으켜 세워야 한다고 생각했다. 그렇기 때문에 1789년에 관세법을 제정해 80개 품목이 넘는 수입품에 관세를 부과했고, 이듬해에는 위스키에 소비세를 매겼다.

미국에는 선술집이 많았을 뿐 아니라 당시에는 여성과

아이도 위스키를 마셨으므로 양조장이 많았다. 이런 까닭에 위스키가 과세 대상에 올랐다. 물론 선술집을 찾는 사람들도 잠자코 있지는 않았다.

위스키에 부과한 세금 문제는 미국의 제2의 '홍차 분쟁' 이 되었다. 양조 산업이 발달한 서부 여러 주에서는 포퓰리즘 정치인이 "위스키에 세금을 부과하면 미합중국에서 탈퇴하겠다"며 대중을 선동하는 바람에 큰 소동이 일어났다. 결국 1800년에 정권이 교체되면서 위스키 소비세는 폐지된다.

또 해밀턴은 지폐를 발행하는 중앙은행이 필요하다며 1791년 **미합중국 제1은행**First Bank of the United States을 창설했다. 20퍼센트는 정부가 출자하고 나머지는 뉴욕과 외국의 금융 자본이 출자했으며 공인 기간은 20년으로 정했다. 오늘날로 치면 유럽연합이 통일 화폐인 유로를 채택한 것과 비슷하다.

하지만 남부와 서부의 농민들과 포퓰리즘 정치인은 이에 맹렬히 반대했다. 영국의 유대인 금융업자와 유착한 뉴욕의 대형 은행 및 외국인이 자신들 같은 지방 사람을 지배하는 것을 정부가 도우려 한다는 이유에서였다.

이러한 상황 속에서 공인 기간인 20년이 지나면서 미합중국 제1은행은 1817년에 미합중국 제2은행으로 이름이 바뀌지만 자본금의 80퍼센트는 여전히 유럽 은행이 출자한 돈이었다.

서부 출신의 포퓰리즘 정치인 앤드루 잭슨Andrew Jackson, 1767~1845은 제7대 대통령에 당선되자 북부의 금융 자본과 정부가 주 경제의 자주권을 침해한다며 물고 늘어졌고, 이에 은행은 자본금 대출 정지로 대항했다. 1835년에는 대통령 암살 미수 사건까지 일어났다. 그러자 잭슨은 1836년 **미합중국 제2은행의 폐지**를 단행했다. 그 후 77년간 미국에서는 중앙은행의 부재 상태가 계속되었다.

한 나라에 중앙은행이 없는 상태나 마찬가지이니 오늘날에는 상상조차 할 수 없는 일이다. 그렇다면 중앙은행의 부재로 미국에서는 어떤 일이 벌어졌을까? 우선 주 정부가 은행 설립을 담당하게 되면서 1830년에 330개였던 은행이 1836년에는 713개로 증가했다. 주 의회가 은행을 자발적인 개인의 조합으로 간주해 연줄만 있으면 간단히 설립 허가를 내주었으므로 괜찮을 리가 없었다.

결국 1,600개가 넘는 소규모 은행이 난립하게 되면서 발행된 지폐는 7,000종, 위조지폐는 5,000종에 달했다. 이처럼 어처구니없을 만큼 돈이 엉터리로 발행된 탓에 통화는 신용을 잃었다. 훗날 미국이 카드 사회로 변모한 데는 이런 웃지 못할 사정이 있었다.

1836년에는 연방 정부에서 "공유지의 매매 대금은 금속

화폐 또는 금과 태환할 수 있는 은행권으로 지급해야만 한다"고 포고함으로써 다양한 돈이 통용되고 있는 미국 내 상황을 인정했다. 엄밀히 말하면 인정했다기보다 인정하지 않을 수 없었다. 물론 이런 달러는 국제 사회에서 신용을 얻지 못했으므로 무역 결제 시에는 파운드가 사용되었다.

남북 전쟁 후, 미국 경제가 폭발적으로 성장한 이유

건국 이래의 중앙 정부 권한을 강화해 '보통 국가'를 만들려는 북부, 주의 자치권을 유지하려는 서부, 영국의 방직업에 의존하는 면화 플랜테이션 농장주가 중심이 된 남부. 이 삼자의 골은 메워지지 않았다.

이러한 상황 속에서 남부 주들이 **아메리카 남부 연합**(또는 남부 맹방Confederate States of America)을 결성해 미합중국에서 탈퇴함으로써 1861년 **남북 전쟁**이 일어났다. 남부에 속하는 주들은 남부 연합 지폐(컨페더레이트 지폐)라는 불환지폐grayback를 발행해 전쟁 비용을 조달했지만, 극심한 인플레이션이 일어나 지폐는 휴지 조각으로 변하고 말았다. 남부 경제는 붕괴했고 전쟁이 끝난 후에는 점차 북부 경제에 통합되었다.

남북 전쟁을 거치며 미국 내에서는 대립이 극복된 것처

럼 보였지만, 모든 일이 뜻대로 흘러가지는 않았다.

북부와 대서양 연안 도시는 국내 시장을 지배하며 부국
강병·해외 진출을 도모하는 기업인을 중심으로 구성되어
있었고, 중서부와 남부는 자신들의 토지와 가족만 지키면
된다는 생각으로 증세와 대외 전쟁에 보수적인 농민으로 구
성되어 있었다.

미국이 공업 국가로 이행하는 가운데, 북부와 남부의 골
은 깊어져만 갔다. 이 대립은 오늘날에도 여전히 심각해서
뉴욕의 금융, LA의 IT 산업을 바탕으로 대외 진출에 힘쓰는
민주당과 국내에 갇힌 내향적인 공화당의 골은 좁혀지지 않
고 있다. 이것이 미국의 가장 큰 약점이란 사실은 오늘날의
정치만 보아도 명확하다.

교과서 등을 보면 1861년에 발발한 남북 전쟁을 '노예 해
방 전쟁'이라며 북부의 전쟁 프로파간다propaganda(어떤 이념이
나 사고방식 등을 홍보·설득하기 위한 악의적인 선전—옮긴이)를 그
대로 기술한 책이 많다. 하지만 **실제 남북 전쟁은 세계에서
가장 높은 보호관세를 계속 유지하려는 미합중국에서 자유무
역을 주장하는 남부의 11개 주가 독립하려 한 전쟁**이었다.

남부는 흑인 노예를 이용한 플랜테이션으로 면화를 생산
함으로써 영국 경제와 밀접한 관계를 맺고 있었으므로 이익
이 발생하는 자유무역을 원했다. 한편 북부는 남부가 면화

수출로 벌어들이는 윤택한 자금을 재원으로 사용하지 못하게 되는 것이 두려운 나머지 무력으로 남부의 독립을 저지하려 했다. 이것이 바로 양쪽 군을 다 합쳐 약 62만 명의 사망자를 낸 남북 전쟁의 실태다.

전쟁 중이던 1862년 에이브러햄 링컨Abraham Lincoln, 1809~1865은 서부의 여러 주를 아군으로 만들기 위해, 그들이 관심을 보일 만 한 **홈스테드법**Homestead Act(자작농 창설법)을 내놓았다. 5년간 서부 개척에 힘쓴 21세 이상의 남성 호주에게 등기 비용만 부담하면 20만 평의 국유지를 분양한다는 법률이었으므로, 미국뿐 아니라 궁핍한 유럽인들에게도 엄청난 환영을 받았다.

1870~1890년대에 걸쳐서 유럽은 장기 불황 상태였던 탓에 미국으로 건너가 몇 년만 고생하면 대지주가 될 수 있다는 소문이 아메리칸 드림이 되어 퍼져나갔다. 남북 전쟁 후 유럽 출신 이민자가 대거 몰려오면서 25년 만에 서부의 미개척지는 자취를 감추었다. 미국이 변한 것이다.

20년간 계속된 유럽의 대불황 시대에 뜻밖에도 미국 서부가 유럽의 실업자와 과잉 자본의 수용처가 되어 단기간에 경이적인 경제 성장을 이룩했다. 그야말로 미국 경제의 대약진이었다. 하지만 도시와 농촌, 북부와 남부의 골은 깊어져 오늘날까지도 미국은 하나가 되지 못했다. 단기간에 성립된 이민 국가의 숙명이라고도 할 수 있겠다.

남북 전쟁(1861년)과 미국 경제의 폭발적 성장

- 북부의 여러 주(자유 주)
- 북부에 남은 노예 주
- 자유무역을 주장하는 남부 11개 주(노예 주)

1862년 홈스테드법
불황에 허덕이던 유럽 전역에서 몰려든
이민자들이 서부로 건너감

↓

서부의 미개척지가 사라짐
실업자와 잉여 자본이 모임

↓

미국의 눈부신 경제 성장

게티스버그
뉴욕
워싱턴
LA

링컨이 암살된 이유는 민간 은행의 눈 밖에 났기 때문이다?

전쟁에는 막대한 비용이 필요하다. 남북 전쟁 시, 남부와 북부 모두 잉글랜드은행에서 돈을 빌려 전쟁을 이어갔다. 하지만 재정적으로 궁핍했던 북부는 고액의 국채 이자가 부담스러웠으므로 링컨 대통령은 정부가 관할하는 내셔널뱅크에서 돈을 발행해 국채를 인수하게 했다. 연방채(국채)의 90퍼센트

범위에서 정부가 달러 지폐를 발행할 수 있도록 한 것이다.

북부 출신인 링컨은 재무부에 전쟁을 수행하는 데 필요한 미합중국 지폐United States note를 발행하게 했다. 이 지폐는 녹색 잉크로 인쇄되었으므로 보통 '**그린백**greenback'이라 불렸다. 오늘날에도 달러는 녹색 잉크로 인쇄되는데, 전쟁 비용 조달을 위해 발행된 지폐를 계승했다는 사실을 알 수 있다.

링컨 대통령은 **정부가 은행에 이자를 내고 전쟁 비용을 조달하는 시스템이 아니라, 정부가 직접 불환지폐를 발행함으로써 전쟁 비용 부담을 줄이려 한 것이다.** 그러자 당연히 통화 발행으로 이익을 독점해왔던 크고 작은 민간 은행들이 큰 불만을 표시했다.

그린백의 발행액은 1871년까지 3억 달러라는 거액에 달했고, 남북 전쟁 후의 물가는 1860년보다 두 배나 상승했다. 하지만 전쟁에 진 남부 주들의 상황은 더욱 비참했다. 남부에서 발행된 지폐가 폭락하는 바람에 물가는 무려 90배로 치솟았다.

전쟁이 끝난 후인 1865년에 링컨은 결국 암살되는데 은행의 반감을 산 것도 한 가지 이유였다. 그 후 재무부가 그린백을 회수함으로써 미국의 달러 발행권은 다시 민간에 돌아간다.

남북 전쟁 중에는 병사들의 보수를 그린백으로 지급했다.

전쟁이 끝나자 민간 은행은 시중에 공급되는 자금을 줄여 불경기를 연출했으므로 그린백의 회수는 경기를 악화시킨다는 여론이 강해졌다. 이로 인해 1867년 유럽의 주요국 대표가 파리에 모여 금을 유일한 발권 준비, 국제 결제 시의 지불 수단으로 결정하자(국제통화회의), 1873년에 미국 정부는 달러 은화의 주조를 멈추고, 6년 후에 그린백을 금과 태환하기로 했다. 미국의 그린백이 금본위제와 결부된 것이다.

한편, **남북 전쟁 때 '지폐보다 가치가 있다'며 팔린 것이 바로 국채다.** 민간 소액 투자자의 애국심을 이용해 국채를 조직적으로 판매한 것이다. 이 국채 발행이 미국의 증권 투자 기반을 구축했다고 평가받는다. 지폐에 대한 신뢰도가 낮았던 탓에 미국에서는 자산을 주식이나 채권으로 보유하는 풍조가 강해졌다.

앞에서 설명했듯이 미국 서부는 남북 전쟁 후 유럽의 장기 대불황을 견디지 못하고 땅과 아메리칸 드림을 좇아 몰려오는 이민자를 받아들임으로써 급속도로 개척되었다. 미국은 국가 주도 대륙 횡단 열차 건설로 경기 호황을 누리게 되면서 정치가 얽힌 '돈, 돈, 돈'의 시대로 바뀌었다. 그 결과 정치인의 부패와 수많은 벼락부자의 드라마가 펼쳐지게 된다. '도금시대Gilded Age'라는 명칭에 걸맞게 사람들이 돈에 열광한 시대였다.

금융 위기에서 미국을 구해낸 대부호 J.P. 모건

남북 전쟁 후 미국은 서부 개척과 철도 건설로 단숨에 경제 성장을 이룩했지만 소규모 은행이 여전히 난립하고 있어서 금융은 극히 불안정했다.

1907년에는 한 거대 구리 광산 회사의 대형 광산 매수가 실패로 끝나자, 매수 자금을 융자한 은행에 대한 불안감이 커지면서 예금을 대량으로 인출하는 사태가 벌어졌다. 이 소동을 계기로 금융에 대한 불안감이 전국적으로 퍼졌고, 그 결과 뉴욕 증권 거래소의 주가는 전년 최고치의 절반으로 곤두박질쳤다.

금융에 대한 불안감이 퍼지는 가운데 지방 은행은 도시 은행으로부터, 도시 은행은 뉴욕의 은행으로부터 경쟁적으로 예금을 회수하려 했다. 당시 뉴욕 3위의 신탁회사였던 니커보커knicker bocker가 도산해 회장이 총으로 자살하는 사건까지 일어나자 불안감은 극에 달했다. 하지만 미국에는 시중 은행에 자금을 융통할 중앙은행이 없었다.

앞서 설명했듯이 잭슨 대통령이 미합중국 제2은행을 폐지한 이후 미국에는 중앙은행이 계속해서 부재 상태였다. 이런 까닭에 미국 최대 은행인 모건 은행이 중앙은행의 역할을 대행해 은행의 연쇄 도산 사태를 막는다.

유럽의 금융왕, 로스차일드 가문의 대리인으로서 대재벌에 오른 J.P. 모건John Pierpont Morgan, 1837~1913이 개인 재산을 털고 뉴욕의 은행과 신탁회사를 설득해 머니풀money pool(통화선택형 투자신탁, 업종별 선택형 투자신탁, 셀렉트형 투자신탁 등에서 투자 자금을 일시적으로 대기시켜두기 위해 마련된 펀드—옮긴이)을 만들어 뱅크런에 의한 은행의 연쇄 도산 사태를 막은 것이다.

이듬해에는 공황의 원인을 조사하고 미래에 일어날지도 모를 공포에 대한 대책을 제안하는 국가 금융위원회 설립을 위한 법안 준비가 상원에서 추진되었다. 그리고 제1차 세계대전이 일어나기 전해인 1913년, 정부와 은행이 간신히 합의하면서 워싱턴의 **연방준비제도이사회**FRB와 국토를 12지구로 나눠 설치한 연방준비은행으로 구성된 **연방준비제도**가 성립했다. 이것이 바로 미국식 중앙은행이다.

파운드와 달리 금과의 태환을 보증받지 못한 달러

연방준비제도는 민간의 대형 은행이 주도해 만든 제도였으므로 지폐를 발행함으로써 민간 은행이 큰 이익을 얻게 되는 시스템이었다. 상당히 번거롭고 이해하기 어려운 통화 시스템이므로 지면을 할애해 자세히 살펴보자.

우선 **달러는 '연방준비제도이사회의 결정에 따라 발행된 정부의 채무'를 의미하는 연방 정부의 차금 증서**(연방준비권)로 간주되었다. 달러 발행권은 민간의 대형 은행이 출자하는 연방준비은행에 위임되었지만 다음과 같은 절차를 밟았다.

① 연방준비제도이사회의 결정을 토대로 재무부가 인쇄한 연방준비권(달러, 연방 정부의 채무증서)이 그대로 연방준비은행에 양도된다(무이자로 대부).

② 연방준비은행은 이 연방준비권으로 정부의 국채를 인수한다.

③ 연방준비은행이 은행의 자산으로 연방준비권의 채무를 보증한 형태가 된다.

④ 연방준비은행은 연방준비권으로 국채를 인수하는 대가로 '이자'를 얻는다.

신흥국 미국에는 잉글랜드은행처럼 '금'이 충분히 비축되어 있지 않았고, 연방준비은행 또한 달러를 발행할 목적으로 민간 은행이 모여 만들어진 은행이었으므로 달러와 금의 태환에 관해서는 모호한 태도를 보였다. **달러는 연방준비은행의 자산을 담보로 하는 까닭에 금 또는 금화와 태환**

이 보증된 파운드와는 달리 '가치가 불명확한 통화'였던 것이다.

신흥국 미국의 금융에는 유럽의 유대인 은행이 커다란 영향력을 끼쳤으므로 유대인 금융업자도 달러 발행에 깊숙이 관여했다. 민간 업자의 이익을 지키기 위해서 정부는 달러 발행에서부터 주의 깊게 배제된 것이다.

미합중국 헌법에는 이미 "통화는 의회가 발행한다"는 규정이 있었으므로 연방준비은행은 '연방준비권'이라는 이해하기 어려운 통화 명칭을 사용할 수밖에 없었다. 다른 세계에서는 금본위제하에 '금' 또는 '금화'와의 태환으로 지폐가 그 가치를 담보 받았지만, 신흥국 미국의 달러는 금과의 태환을 보증받지 못했던 것이다.

달러는 두 차례 발발한 세계대전 후 별안간 세계의 기축통화가 되는데, 다음 장에서 자세히 알아보자.

> **돈의 흐름이 보이는 포인트 ⑲**
>
> 공황의 대책을 마련하는 과정에서 1913년 미국 연방준비제도(미국판 중앙은행)가 성립됐다.

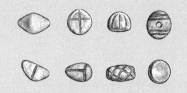

제10장

'파운드'에서
'달러'의 시대로

"돈에 가치를 부여하는 '금'이 미국에 집중되어 있으니,
달러가 당연히 기축통화가 되어야 한다."

브레턴우즈 회담

유럽의 쇠락과 미국의 부상

제1차 세계대전은 일반 시민을 끌어들인 '총력전'이 되었고, 막대한 전쟁 비용이 부담으로 작용해 **'유럽의 시대'는 급격히 붕괴**했다. 파운드 지폐가 세계 경제를 견인하던 시대 또한 국채의 과잉 발행으로 영국 재정이 파탄을 맞으면서 무너져갔다.

제1차 세계대전 중 공장을 풀가동해 군수 물자를 유럽에 수출함으로써 운 좋게 **세계 최대 채권국으로 급부상한 나라가 바로 신흥국 미국**이다. 금이 무서운 기세로 유럽에서 미국으로 역류하기 시작한 것이다. 그러자 유럽의 통화와 달리 금과 태환할 의무가 없는 달러(연방준비권)가 점차 세계 통화로 떠올랐다.

제1차 세계대전 당시 유럽에서는 영국이 약 900만 명, 프랑스가 약 850만 명, 러시아가 약 1,200만 명, 독일이 약 1,100만 명이나 되는 대규모 병력을 동원했고, 4년간 계속

된 전쟁으로 전투원과 비전투원을 합쳐 2,000만 명에 가까운 희생자가 발생했다. 말 그대로 총력전이었다. 이와 동시에 막대한 군사비가 각국에 부담을 주어 재정이 점점 파탄에 이르기 시작했다. 영국은 전쟁 기간에 국가 예산의 70퍼센트를 군사비로 지출했다.

전 세계 통화의 세력도 완전히 바뀌었다. 세계사에서 유래를 찾아보기 힘들 만큼 금의 흐름에 극적인 변화가 일어나 달러의 영향력이 강해졌다. 미국은 1921년에는 영국의 세 배, 1932년에는 여섯 배의 금을 보유하기에 이른다.

이런 상황 속에서 **영국과 프랑스는 19세기의 식민지 체제를 유지하기 위해서 패전국 독일을 희생양 삼아 전쟁 전의 번영을 되찾으려 했다.** 영국과 프랑스가 **사이크스-피코 협정** Sykes-Picot Agreement을 맺어 중동의 지배권을 나누어 가진 사건이 시사하듯, 양국은 제1차 세계대전의 정치적 승자였다.

미국은 전쟁 전에 30억 달러에 달했던 채무를 완전히 상환했을 뿐 아니라 세계 최대의 채권국으로 올라선다. 하지만 미국이 1870년대 이후 이민자들이 급증해 갑작스럽게 만들어진 신흥국이었다는 사실은 변하지 않았다. 미국은 **먼로주의** Monroe Doctrine를 채택하며 5,000킬로미터 떨어진 유럽의 일에는 상관하지 않겠다는 전통적인 외교 정책을 고수했다. 국내 체제가 정비되지 않았을 뿐 아니라 여전히 지역 간의 분열이 심각해, 세계 정치를 선도하기에는 힘이 부족했기 때문이다.

유럽 국가들도 미국을 신흥국이라며 한 단계 아래로 취급했고, 프랑스와 영국은 유럽의 시대가 끝났다고는 생각하지 않았다. 이 같은 정치와 경제의 불균형이 20년 후에 또다시 세계대전(제2차 세계대전)을 일으키게 된다.

돈의 흐름이 보이는 포인트 ⑳
제1차 세계대전으로 유럽이 몰락하고 미국은 세계 최대의 채권국이 되었다.

월가는 왜 전쟁에 진 독일을 구했을까

영국 총리 로이드 조지David Lloyd George, 1863~1945의 "레몬은 씨까지 짜라"는 말에서 잘 드러나듯이, 독일에 대한 프랑스와 영국의 보복은 도저히 이성적이라 하기 힘들 만큼 가혹했다.

독일은 모든 식민지와 유럽 영토의 13퍼센트를 빼앗겼을 뿐 아니라, 1,320억 금마르크(1마르크는 순금 358밀리그램)라는 천문학적인 배상금을 내야 했다. 1,320억 금마르크를 금으로 환산하면 약 4만 7,256톤으로, 무려 독일 GDP의 20년분에 해당하는 금액이었으니, 단기간에 이 배상금을 내기에는 독일의 재정 상황으로 사실상 불가능했다.

전쟁에서 패해 황폐해진 독일은 결국 상환을 연체했다. 그러자 프랑스가 이를 구실로 벨기에를 부추겨 독일의 핵심 철공업 지대인 루르 지방을 점령했고, 이에 독일 정부가 이 지역 노동자들에게 파업을 호소하면서 공장과 광산은 무기한 조업을 정지했다. 정부는 노동자의 임금을 지급하기 위해 지폐를 추가로 발행했고, 이로 인해 대규모 인플레이션이 일어났다. 반년 만에 불환지폐가 된 마르크의 가치가 전쟁 시의 1조분의 1로 떨어지는 전무후무한 **초인플레이션**이었다.

독일의 재무장관이었던 할마르 샤흐트Hjalmar Schacht, 1877~1970는 국가의 부동산을 담보로 하는 새로운 화폐, 렌텐마르크를 발행해, 예전의 1조 마르크를 1렌텐마르크로 교환한 다음 옛 지폐를 소각하는 방법으로 초인플레이션을 기적적으로 수습했다. 이 놀라운 사건을 '**렌텐마르크의 기적**'이라고 한다.

이때 유럽 채권을 다량으로 보유한 월가Wall Street는 유럽 경제가 혼란에 빠지는 것을 원치 않았으므로 재정가 찰스 도스Charles Dawes, 1865~1951를 회장으로 하는 특별 위원회를 만들어 해결책을 제안했다. 이 **도스안**Dawes Plan은 독일의 배상

힘을 키워가는 미국

독일이 배상금 상환을 연체함

프랑스 · 벨기에가 루르 지방을 점령
→ 독일 정부가 루르 지방의 노동자에게 파업을 호소

노동자에게 임금을 지급하기 위해 지폐를 추가 발행

→ 지폐의 가치가 하락해 초인플레이션으로

→ 렌텐마르크 발행

◀ 사진은 렌텐마르크와 교환됨에 따라 처분되는 옛 지폐

미국이 도스안을 제안

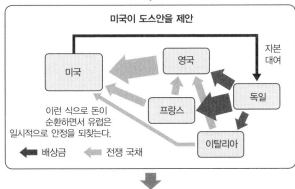

미국이 세계 최대의 채권국이 됨

금 지급을 완화하고 월가가 독일에 투자함으로써 배상 문제의 일시적 완화를 실현했다.

구체적으로는 '미국이 독일에 자금을 빌려준다 → 독일이 영국과 프랑스에 배상금을 낸다 → 영국과 프랑스가 미국에 채무를 상환한다'는 식으로 돈이 순환하는 방안이다. 이 도스안 덕분에 유럽 정세는 일시적으로 안정을 되찾지만, 이후 유럽 경제는 점차 미국 달러에 의해 움직이게 된다.

미국에서 시작된 신자본주의와 T형 포드

제1차 세계대전 후인 1920년대를 '황금의 20년대'라고 한다. 일찍이 유례가 없었던 경제적 번영을 누린 '그저 광활하기만 한' 미국에서는 자동차, 라디오, 가전제품 등을 중심으로 값싼 공업 제품이 대량으로 생산·소비되었다. 이로써 미국은 점차 **대중 소비 사회**로 변모해갔다. 특히 대량으로 생산된 자동차는 '말과 4륜 우마차를 대신하는 기계가 장착된 말'로써 광활한 벌판을 거대 국가로 바꾸는 원동력이 되었다.

미국의 철도망은 역이 지나치게 띄엄띄엄 있어서 서민들의 생활은 매우 불편했다. 하지만 말이나 4륜 우마차는 고

가인 데다가 보수하기도 어려웠으므로 '기계가 장착된 말'인 자동차가 필요했던 것이다.

자동차는 철도처럼 레일을 깔지 않아도 되고, 도로만 있으면 어디든지 달릴 수 있다는 장점이 있었다. 미시간주의 한 농가에서 아일랜드 이민자의 아들로 태어나 평등사상을 신봉했던 **헨리 포드**Henry Ford, 1863~1947는 1896년에 시속 40킬로미터로 달리는 최초의 시범용 자동차를 완성했다. 그리고 1903년에 포드 자동차 회사를 설립하면서 본격적으로 대중용 자동차를 제조하기 시작했다.

포드의 신념은 튼튼하고 운전하기 쉬운 자동차를 되도록 싼값에 유통하는 것이었다. 이 신념을 실현한 자동차가 바로 **T형 포드**다. 1909년에 T형 포드가 출시되자 엄청난 호평이 쏟아졌다. 850달러라는 낮은 가격과 4기통의 매력적인 디자인, 최고 시속 72킬로미터라는 우수한 성능이 사람들의 관심을 끌어, 연간 1만 대를 제조해도 주문을 따라갈 수 없었다고 한다.

사실 T형 포드의 전신인 K형 포드의 가격은 2,500달러였다. 이처럼 대폭으로 가격을 인하할 수 있었던 이유는 바로 컨베이어벨트 방식 덕분이었다. 포드는 시카고의 육가공 공장에서 직접 본, 머리 위에 설치된 레일을 따라 이동하는 소고기를 작업자가 계속해서 잘라내는 컨베이어벨트 방식을 자동차 생산에 도입했다. **컨베이어벨트 방식은 이미 조립 공정에 도입되어 있었지만, 포드가 도입하면서 미국 전역으로 퍼져나갔다.** 포드는 부품 조립과 공정의 관계를 과학적으로 분석해 작업 공정을 철저히 개량한 것이다.

이 방식이 큰 효과를 발휘해 생산 효율성이 단숨에 높아지자 그동안 12시간 정도 걸렸던 차체 조립 시간이 무려 1시간 30분으로 단축되었다. 그 결과 자동차 한 대의 가격이 약 17년 만에 850달러에서 290달러로 더욱 하락했다. T형 포드는 1927년에 단종될 때까지 19년간 1,500만 대나 생산되어 자동차 시대의 막을 열었다. 한때는 세계 자동차 점유율의 약 50퍼센트를 차지했을 정도다.

이 같은 대량 생산 체제의 든든한 뒷받침 덕분에 미국식 생활양식은 점차 모습을 갖추어갔다. 사람들은 경제적 평등을 이룸으로써 유럽에는 없었던 '실리 있는 민주주의'를 실현했다며 자랑스러워했다.

자동차 사회가 만들어낸 '체인점 시대'

1920년대 미국에서는 대중 소비 사회에 걸맞은 거대한 물류가 **자동차를 전제로 하는 체인점**의 형태로 전국에 퍼지면서 **유통 혁명**을 촉진했다.

뉴욕과 시카고 등의 대도시에서는 19세기 말 유럽에서 건너온 백화점이 큰 인기를 끌었다. 1929년에는 백화점의 총매출액이 40억 달러를 넘어 소매 총매출액의 9퍼센트에 달했지만, 문제는 미국의 대부분 지역을 차지하는 농촌 지역이었다.

자동차가 급속하게 보급된 지방의 중소도시와 농촌에서 똑같은 규격으로 디자인된 넓은 주차장을 갖춘 체인점 형태의 소매점이 단숨에 퍼졌다. 미국식 생활양식이 구석구석까지 보급된 것이다.

인구 밀도가 낮은 농촌 지역에서 인구가 밀집한 대도시의 백화점처럼 높은 수익을 내려면, 자동차를 이용해 먼 곳에 사는 손님이 찾아올 만한 상업적 중심지를 만드는 방법이 가장 합리적이다. 상품을 대량으로 구매하고 똑같은 광고로 경비를 절감함으로써 상품을 싼값에 제공한다는 미국식 합리주의는 변두리에 거주하는 사람들에게 크게 환영받았다.

"상품을 구매할 권리는 도시 주민과 농촌 주민 모두에게 평등하게 보장되어야 한다." 이는 유통업자들의 슬로건이었다. 1920년대의 미국은 '체인점 시대'라 불렸을 만큼 지방의 유통 혁명이 급속히 진행되었다.

미국의 주식 버블 붕괴가 금융 공황으로

"잡화점, 전철 운전사, 배관공, 삯바느질하는 사람, 무허가 선술집의 점원까지 투기를 했다. 이 같은 상황에 반대할 것이 분명한 지식인도 시장에 있었다(프레더릭 앨런Frederick Lewis Allen, 《온리 에스터데이Only Yesterday》)."

세계 최대의 채권국이 되어 유럽으로부터 번영의 자리를 물려받은 미국에서는 대량 생산으로 물자가 넘쳐나고 욕망이 최고조에 달해, 돈을 손에 넣으려는 사람들의 열망이 식을 줄 몰랐다. 300개가 넘는 펀드 회사가 투자를 권할 만큼 대공황 전의 투자 열기는 비정상적으로 달아올라 있었다. **1924년부터 5년간 주가는 다섯 배나 상승**했으며, 1929년에는 한 해에 투자신탁이 265개사나 설정될 정도로 과열 상태였다.

당시의 투자신탁은 **레버리지**leverage(지렛대란 뜻으로 적은 자산을 가지고 거래를 많이 하는 것) 효과를 노린 것이어서 굉장히 위험했지만, 영세한 투자자들은 증거금(담보로 예금해둔 돈)으로 돈을 빌려 위험성이 큰 투자신탁을 경쟁적으로 매수했다. 전 세계 공업 생산량의 42퍼센트를 점하게 된 미국 경제는 그야말로 포화 상태였던 것이다.

결국 1929년 10월 24일 목요일, 뉴욕 월가의 증권 거래소에서 주가가 대폭락했다. '**검은 목요일**Black Thursday' 이다.

10월 29일 화요일에는 **추가증거금**(주식의 신용 거래 시 보증금이 부족할 때 추가로 빌리는 돈)을 내지 못해 주식을 매도한 사람이 늘어나면서 주가가 한층 더 큰 폭으로 떨어졌고, 주식 시장에서는 일주일 만에 당시 미국의 10년 치 국가 예산이 증발했다. 주가 급락으로 소규모 은행은 잇달아 도산했다. 이른바 '**비극의 화요일**Tragic Tuesday' 이었다.

하지만 대통령 자리에 오른 지 얼마 안 된 대부호 허버트 후버Herbert Hoover, 1874~1964는 미국 경제의 회복력을 전적으로 신뢰한 나머지 신속하게 대처하지 못했다. 그 사이에 **디플레이션 스파이럴**deflation spiral(만성적인 물가 하락에 따른 부의 악순환—옮긴이)이 진행되어, 두 달도 안 돼 주가가 반 토막이 났고 은행은 줄줄이 도산했다. 전체 은행의 절반이 넘는 4,305개 사가 도산했을 만큼 지독한 금융 공황이었다. 소규모 은행이 난립하는 미국의 특수한 사정도 불리하게 작용했다.

은행이 도산하자 자금 융통에 어려움을 겪은 기업들까지 잇달아 도산하면서 마을은 집과 직업을 잃은 사람들로 넘쳐났다. 1929년부터 1933년까지 4년간 미국의 공업 생산량은 절반으로 뚝 떨어졌다. 1933년 공황이 절정에 달했을 때는 1,300만 명, 즉 미국 인구의 4분의 1이 직업을 잃었을 만큼 상황이 심각했다.

대공황을 일으킨 미국 제일주의

이 상황에 크게 당황한 미국 의회는 1930년에 **스무트-홀리 관세법**Smoot-Hawley Tariff Act을 제정해 모든 수입품의 관세를 대폭으로 인상했다. 외국 상품을 배제해 경기 회복을 꾀하려는 속셈이었지만 결과는 예상을 크게 빗나간다. 높은 관세에 따른 물가 상승으로 미국 경기가 악화하고 수출이 감소한 것이다.

이 같은 상황을 반성하는 의미에서 전 세계는 제2차 세계대전 이후 미국의 주도하에 국제 협조에 의한 자유무역 확대를 목표로 해왔다. 그런데 최근 공화당의 도널드 트럼프 대통령 같은 포퓰리즘 정치인이 또다시 소리 높여 보호관세를 주장하는 것이 오늘날 미국의 현주소다.

금융 공황의 물결은 세 차례 걸쳐 미국을 덮쳤고, 뱅크런으로 수많은 은행이 도산했다. 위기에 처한 은행이 재외 자본을 한꺼번에 인상한 탓에 미국의 버블 붕괴는 전 세계에 직접적으로 영향을 끼쳤다. 이 사건을 **세계 경제 대공황**이라고 한다.

세계 각국은 금본위제를 포기하고 통화를 절하해 경쟁적으로 수출을 늘리려 했다. 이로 인해 국제 무역은 정체되었으며, 영국과 프랑스 등은 광대한 식민지를 이용해 '**블록 경**

제'를 추진했다. 각국에서 금본위제를 대신할 **관리 통화 제도**가 채택되었고, 재정난으로 불환지폐를 추가 발행한 탓에 인플레이션이 신행되었다.

이렇듯 세계적 규모로 돈과 물자의 질서가 무너진 1930~1940년대에 전 세계는 또다시 전쟁에 휘말리게 된다. 참고로 원인 제공자인 미국은 제2차 세계대전이 시작되자 지정학적 우위를 활용해 연합국에 무기와 식량을 수출함으로써 가장 먼저 공황에서 탈출했다.

돈의 흐름이 보이는 포인트 ㉑
미국의 주식 버블이 붕괴함으로써 1929년 전 세계는 대공황에 빠졌다.

열강의 기회주의로 두 차례 세계대전이 일어나다

대공황이 진행되어 자유무역이 흔들리자 세계 경제가 축소되면서 경제의 붕괴 속도는 더욱더 빨라졌다. 전 세계 공업 생산력은 44퍼센트(이전까지는 최대 규모의 공황이라도 7퍼센트 하락), 무역은 65퍼센트(이전까지는 최고 7퍼센트)나 하락했다.

지금까지 자유무역의 깃발을 흔들어왔던 영국은 갑작스럽게 태도를 바꿔, 캐나다 오타와에 자치령과 식민지의 대표를 모아 오타와 협정Ottawa Agreements을 맺어 블록경제 체제를 강화했다. 이 협정은 영연방 내에서는 관세를 낮추고 영연방 이외의 상품에는 200퍼센트의 높은 관세를 매긴다는 과도한 보호주의였다. 그러자 프랑스도 이를 모방했다.

세계 경제의 연쇄적 침체를 방지하기 위한 국제 협조 시스템(세계 경제의 안전망)이 정비되어 있지 않았던 것이다. 궁지에 몰린 대국은 걸핏하면 제멋대로 행동했으니, 이 같은 역사적 사실만 보아도 국내외 여론의 역할이 얼마나 중요한지는 분명하다.

지독한 불황이 장기화하는 가운데 국채 제도 또한 점차 수정되었다. 영국의 경제학자 케인스John Maynard Keynes, 1883~1946는 지금까지의 국채는 전쟁 비용을 조달하기 위한 전쟁 국채였지만, 국채를 공공 투자(유효 수요의 창출)에 활용해 경제 위기에서 벗어나야 한다고 제창했다. 이러한 주장을 **케인스주의**Keynes principle라고 한다. 국민에게 빌린 돈으로 위기를 극복하려는, 말하자면 긴급 조치나 마찬가지다.

독일에서는 국가의 주도로 아우토반Autobahn(독일 제국 고속자동차 도로)이 건설되었고, 미국에서는 테네시강유역개발공사Tennessee Valley Authority, TVA의 주도로 통합 개발을 시행했다. 이 사업들이 일정한 경제적 효과를 거둔 덕분에, 국채 발행은 불황에서 벗어나기 위한 효과적 수단으로 인정받았다.

현실의 위기를 미래에서 빌려온 빚으로 극복하는 방법이다.

유럽 국가 중에서는 독일의 경제 상황이 심각했다. 대공황으로 위기에 빠진 미국 은행이 자본을 회수한 탓에, 4년간 공장의 60퍼센트가 도산했다. 1932년에는 실업률이 약 40퍼센트, 실업자는 600만 명 이상이라는 절망적인 상태가 되었다. 하지만 의회는 효과적인 정책을 전혀 제시하지 못했으므로, **희망을 잃은 대중과 몰락한 중산 계급은 나치스Nazis에서 희망을 찾을 수밖에 없었다.**

아돌프 히틀러Adolf Hitler, 1889~1945가 이끄는 나치스는 1933년 실업 보험의 적립금을 이용하는 경제 재건 계획을 세웠다. 이것이 바로 1만 4,000킬로미터에 달하는 아우토반 건설 계획이다. 대규모 공공 투자로 실업자를 흡수하려는 의도였다. 같은 해 3월 24일, 나치스는 의회의 승인이 없어도 헌법에 반하는 법률을 제정할 수 있는 전권위임법을 통과시켰고, 이로써 권력의 기반을 굳힌 히틀러는 아우토반 건설 계획을 실행에 옮겼다.

아우토반을 건설한 것은 자동차 산업을 육성하기 위해서였다. 1932년 당시 100명당 1대꼴로 자동차를 보유한 독일은 5명당 1대꼴인 미국에 크게 뒤처져 있었다. 히틀러는 바로 여기에서 경제 회복의 기회를 발견한 것이다. 히틀러는 폴크스바겐Volkswagen을 대량으로 생산하고 자동차

값을 급료에서 제하는 방식으로 판매를 촉진함으로써 민간에 보급했다. **자동차 공업의 육성으로 독일 경제를 재건**한 것이다.

미국과 영국은 제2차 세계대전을 '민주주의와 파시즘의 전쟁'이라고 선전했다. 하지만 이념의 차이에서 전쟁이 일어나는 경우는 극히 드물다. 실제 제2차 세계대전은 국민의 불만을 민족·영토 문제로 돌리려는 포퓰리즘 정치인이 주도하게 됨으로써 복잡한 과정을 거치며 격렬해졌다. **대공황으로 경제의 바닥이 뚫린 것이 전쟁이 일어나게 된 가장 큰 원인이었다.**

나치스는 제1차 세계대전으로 폴란드령을 잃은 스탈린Joseph Stalin, 1879~1953 독재하의 소련과 1939년에 **독-소불가침조약**을 맺고, 그 비밀 조항에서 서로 간에 폴란드를 분할 점령할 권리를 인정해주었다.

독소불가침조약이 체결된 다음 달, 독일군 그리고 조금 늦게 소련군이 폴란드를 침공했다. 그러자 영국과 프랑스가 동유럽권에 대한 영향력을 유지하려 독일에 선전포고함으로써 제2차 세계대전이 시작되었다. 이듬해에는 독일이 프랑스를 본격적으로 공격하고 파리를 점령하자 독일이 유리하다고 판단한 이탈리아와 일본은 독일과 **삼국 군사 동맹**을 맺었다.

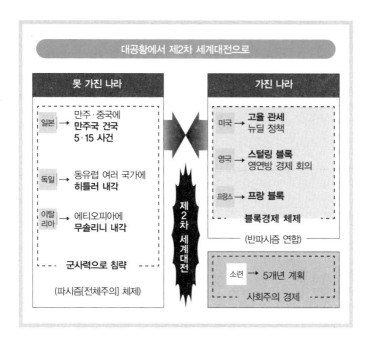

대공황에서 제2차 세계대전으로

못 가진 나라

일본 → 만주·중국에
만주국 건국
5·15 사건

독일 → 동유럽 여러 국가에
히틀러 내각

이탈리아 → 에티오피아에
무솔리니 내각

군사력으로 침략

(파시즘[전체주의] 체제)

제2차 세계대전

가진 나라

미국 → **고율 관세**
뉴딜 정책

영국 → **스털링 블록**
영연방 경제 회의

프랑스 → **프랑 블록**

블록경제 체제

(반파시즘 연합)

소련 → **5개년 계획**

사회주의 경제

하지만 1941년 6월 독일이 소련의 바쿠 유전에 매장된 석유를 차지하려고 **독-소 전쟁**을 감행하면서 독소불가침조약은 무효가 된다. 군인 300만 명(독일군의 75퍼센트), 항공기 2,740기(공군의 61퍼센트), 탱크 3,580대가 소련을 침공해 소련은 위기 상황에 빠졌다.

독일과 소련이 전쟁을 벌이자 영국과 미국은 어느 편을 들어야 자국에 이득이 될지 고심한다. 영국의 처칠Winston Churchill, 1874~1965 총리와 미국의 루스벨트Franklin Roosevelt, 1882~1945 대통령은 대서양 위에서(영국 군함 프린스 오브 웨일스호) 회담을 열어 소련을 지원하기로 하고 이렇게 선언했다.

"제2차 세계대전은 민주주의 국가들과 파시즘 국가들의 전쟁이다."

상황을 충분히 살핀 후 '다 된 밥상에 숟가락만 얹은 셈'이다. 영국과 미국이 소련의 스탈린과 손을 잡음으로써 제2차 세계대전은 '민주주의 대 파시즘의 싸움'이 되었다.

중국이 은본위제에서 금본위제로 전환하다

중국은 대공황의 여파와 1931년 만주 사변에 따른 만주국(일본의 식민지) 건설로 만주 시장을 잃게 되면서 심각한 불황을 겪는다. 1934년에 미국이 루스벨트 대통령하에서 **은 매상법** Silver Purchase Act(은의 회수를 결정한 법률—옮긴이)을 실시하자 중국에서는 전년도의 17배가 넘는 은이 한꺼번에 미국으로 유출되었다. 이는 미국이 국외로부터 조달한 은의 80퍼센트에 달하는 양이다. 통화와 다름없는 역할을 해왔던 은이 대량으로 유출됨으로써 중국에서는 디플레이션이 급격하게 진행된다.

난처해진 국민당 정부는 1935년에 영국의 재정가를 정부의 재정 고문으로 초청, **지폐 제도 개혁**을 실시했다. 이 개혁은 관리 통화 제도하에 불환지폐를 발행하고 새 지폐를 영국의 파운드와 연동(금환본위제)한다는 내용이었다.

지금까지 각 은행이 발행했던 지폐(은행권)와 은은 회수되었고 돈이 중앙은행, 중국은행, 교통은행이 발행하는 법폐로 통일된 것이다. 이 사건은 **마지막까지 은본위제에 머물러 있던 중국이 금본위제로 전환**했음을 의미한다.

돈의 흐름이 보이는 포인트 ㉒

중국은 폐제개혁으로 은본위제를 폐지하고 파운드와 연동한 지폐 제도로 이행했다.

세계대전 이후를 내다본 미국의 놀라운 경제 전략

중일전쟁1937이 진흙탕 싸움으로 변하면서 경제 기반이 약한 일본은 곤경에 빠졌다. 이 와중에 미·일 통상협상이 결렬되고, 일본 해군이 진주만을 기습적으로 공격하면서 태평양 전쟁1941~1945이 시작된다.

미국으로서는 대외 전쟁을 꺼리는 '시골 보수' 농민을 어떻게 하면 전쟁 찬성 쪽으로 기울게 해 전쟁에 동원할지가 최대 난제였다. 하지만 선전의 달인이었던 루스벨트 대통령은 **시골 보수 농민의 애국심을 자극함으로써 그들을 전**

쟁에 동원하는 데 성공한다.

일본은 미국의 석유, 고철의 수출 정지 제안Hull note에 과민하게 반응한 나머지, 석유 자원을 확보하기 위해 동남아시아·남태평양 지역에 세력권(대동아공영권)을 만드는 전쟁을 중일 전쟁과 동시에 시작한 것이다.

일본이 미국과 영국에 선전포고하자 삼국 군사 동맹에 의해 독일, 이탈리아도 선전포고를 했다. 이를 통해 미국의 의도대로 유럽과 아시아 전선이 연결된다. 미국은 일본, 중국, 독일, 소련이 피폐해진 유리한 시점에 전쟁의 주도권을 움켜쥔 셈이다.

루스벨트 대통령은 진주만 공격에 분개하는 국민에게 '전쟁 채권'이라는 국채를 한꺼번에 대량으로 팔았다. 이를 통해 제1차 세계대전의 열 배나 되는 비용을 쏟아부어 군수 생산을 늘림으로써 경제를 단숨에 회복시켰다. 전쟁 비용의 55퍼센트를 전쟁 채권으로 충당했다고 한다.

자국이 전쟁터가 되지 않았을 뿐 아니라 대량의 무기와 탄약을 추가 생산할 수 있었던 미국은 일본 전 국토에 대규모 공습을 퍼부어 일본 경제가 완전히 붕괴할 정도로 큰 타격을 주었다.

루스벨트 대통령은 1945년 4월에 급사하지만 부통령에서 대통령으로 승격한 해리 트루먼Harry Truman, 1884~1972은 이에 그치지 않고 히로시마와 나가사키에 갓 개발이 끝난 원자 폭탄을 두 차례 투하해 전쟁 후 핵무기에 의한 군사 패권에 대비했다. 그리고 **전쟁이 끝날 무렵에는 오키나와를 점령해 중국에 진출하는 발판까지 마련했다.**

제2차 세계대전 말기, 루스벨트 대통령은 영국의 처칠 총리와 소련의 스탈린 서기장, 중국의 장제스蔣介石, 1887~1975 총통과 협조하면서, 세 가지 축(UN, 달러, 핵무기)으로 이루어진 전후의 패권 체제를 구축했다.

구체적인 내용은 다음과 같다.

① 정치: 19세기의 식민지 체제를 대신해 안전보장이사회에서 거부권을 가진 상임이사국(미국, 영국, 프랑스, 소련, 중국의 **5강**)이 세계를 책임지고 관리하는 UN 중심의 세계 질서 실현

② 경제: **달러를 기축통화로 하는 단일 세계 경제의 형성**과 GATT에 의한 자유무역 추진

③ 군사: 미국의 핵무기 독점과 '**핵우산**'에 의한 군사 질서 실현

브레턴우즈 체제라는 세기의 허풍

흔히 '19세기는 영국의 시대, 20세기는 미국의 시대'라고 하듯이, 제2차 세계대전 후 미국은 세계 공업 생산량의 절반을 차지했을 뿐 아니라 **전 세계 금의 4분의 3을 끌어 모았다. 이로써 미국의 1강 체제가 탄생한다.**

영국은 오랜 시간을 들여서 세계적 규모의 해양 제국을 건설하고 신중하게 파운드 지폐에 의한 패권 체제를 완성한 데 반해 미국은 각 주가 좀처럼 하나가 되지 못한 채 세계대전이라는 외부 요인 덕에 어부지리로 숨 가쁘게 패권을 거머쥐었다.

2차 대전이 끝나기 직전인 1944년에는 미국 뉴햄프셔주의 휴양지 브레턴우즈에서 연합국 45개국의 재무·금융 담당자 회의가 열렸다. 이 회의를 통해 전 세계에서 유일하게 금 1온스를 35달러와 태환하겠다고 선언한 달러를 세계 통화로 하는 **금·달러본위제**가 완성되면서, 각국의 통화는 달러와의 고정 환율로 그 가치를 보증받게 되었다. 이를 '**고정환율제**'라고 한다.

"돈에 가치를 부여하는 금이 미국에 집중되어 있으니, 달러가 당연히 기축통화가 되어야 한다."

미국은 이처럼 주장하며 제2차 세계대전 후 전 세계 돈의 질서와 시스템을 완성했다. 각국의 통화는 달러와 교환되어야만 비로소 금과 교환 가능해지고, 통화로서도 간신히 체면을 유지할 수 있다는 전 세계 돈의 시스템이었다. 이를 '**브레턴우즈 체제**'라고 한다.

19세기에 영국은 파운드와 금의 교환 시스템을 구축하는데 신중한 태도를 보였다. 하지만 미국은 애초에 '금과의 교환을 상정하지 않았던 달러'가 그 임무를 완수할 수 있을지를 검토조차 하지 않았다. 그저 일생일대의 기회를 잡고서 **미국에는 전 세계 통화와 교환 가능한 만큼의 금이 있다는 허풍을 떤 것이다.**

전 세계 지폐를 전부 금으로 태환할 수 있을 만큼, 미국에 금괴와 금화가 보관되어 있다는 것은 실제로 얼토당토않은 이야기지만, 강경한 미국은 앞뒤 사정도 헤아리지 않고 밀어붙였다. 그 결과 전 세계 통화의 가치는 달러에 대해 각각 개별적으로 설정되었다. 일본은 미국 군정에 의해 1달러에 360엔의 고정환율을 채택했다. 국제 수지가 불균형해졌을 때는 그 가치가 탄력적으로 변경된다고 했는데도 환율은 계속 고정된 채였다.

각국은 통화를 금과 교환할 수 있도록 외화 준비를 달러 혹은 미국 국채로 마련해야 했고, 미국은 이자가 붙는 미국 국채를 보급하려 했다. 연방준비제도하에 미국에서 시행되던 달러와 미국 국채의 관계가 세계적 규모로 확대된 것이다.

통상 면에서 미국은 세계적 규모의 자유무역을 목표로 내세웠다. 그러나 당시에는 미국의 생산력이 절대적으로 우위에 있었으므로, 각국은 자유무역으로 완전히 이행하는 데 반대했다. 이로 인해 자유·다각·무차별의 원리에 입각한 자유무역 확대를 목표로 내세운 '관세 및 무역에 관한 일반협정GATT'이 체결되었다.

또 '통상의 파수꾼'으로, 고정환율제를 유지하려는 목적에서 1945년 국제환율제도의 안정을 도모하는 **IMF 국제통화기금**(미국이 17퍼센트 출자)이 설립되었다. IMF는 통화 위기에 빠진 국가에 외화를 융통하는 역할을 담당하는데, 현재 IMF에 가입한 나라는 189개국이다.

제2차 세계대전 후에 경제 부흥을 꾀하고 개발도상국을 지원한 단체는 **국제부흥개발은행**IBRD(통칭 세계은행, 미국이 16퍼센트 출자)이다. 세계은행은 민간 은행보다 낮은 이율로 장기간 융자해준다.

돈의 흐름이 보이는 포인트 ㉓
달러가 유일하게 금과 태환할 수 있는 기축통화가 되면서, 달러와 각국 통화의 교환 비율이 고정되는 고정환율제로 이행했다.

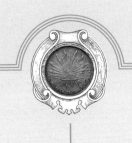

제11장

불환지폐에 익숙한 세계가
전자화폐로 더욱 팽창하다

IT 기술의 발달로 카드의 거래 속도가 더욱 빨라졌다.
비자카드의 시스템 처리 속도는
1초에 2만 4,000건에 달할 정도다.
전자 거래로 금융 거래의 속도가 지금까지와는
비교가 되지 않을 만큼 빨라진 것이다.

구조적 모순을 안고 있던 달러의 패권

1960년대가 되자 예일대학의 경제학자 로버트 트리핀Robert Triffin, 1911~1993이 설파한 일명 '**트리핀의 딜레마**Triffin's dilemma(유동성 딜레마)'가 제2차 세계대전 후 세계 경제의 동요를 설명하는 가설로서 유행했다. 전 세계에는 금과 교환할 수 있는 통화가 달러 밖에 없으므로, 세계 경제를 확대하자는 요구에 부응하려면 미국은 달러의 공급량을 늘려야만 한다. 이런 까닭에 다음과 같은 모순이 커졌다는 주장이다.

① 미국은 거액의 국채를 발행해 달러 발행액을 늘리나, 이로 인해 재정 적자가 누적되어 달러의 신용도는 계속 하락한다.

② 그 결과 각국에서 보유한 달러를 금으로 교환하려는 요구가 강해진다.

③ 달러와 금이 활발하게 교환되어, 미국의 금 준비가 감소

한다.

④ 결과적으로 달러에 대한 신뢰도에 금이 가 브레턴우즈 체
제는 위기를 맞게 된다.

미국과 월가는 세계적 규모의 무모하리만치 거대한 화폐
시스템을 구상했으면서도 이를 지속하기 위한 계산은 소홀
히 했다. 미국은 달러 지폐를 발행할 특권을 가졌다는 이유
로 수입이 수출을 초과하는 소비 대국이 되는 일에도, 세계
군사비의 4분의 1(국가 예산의 17퍼센트)을 차지하는 거액의
국방비를 매년 국채 발행으로 충당하는 일에도 태연했다.
달러의 신용도를 유지하는 데는 거의 관심이 없었다.

미국이 자진해서 떠맡은 '전 세계 화폐 가치를 지킨다는
사명', 즉 **미국 달러를 계속해서 추가 인쇄하고, 금을 비축해
달러와 각국 통화의 가치를 안정시킨다는 사명은 보기 좋게
잊혀갔다.**

세계 경제의 리더라는 자각이 언제부터인가 '미국제일주
의'로 바뀌어 거대한 국내 소비를 뒷받침하려 달러를 과잉
발행함으로써, 세계 경제가 내실 없이 그저 몸집만 불리게
된 것이다.

달러를 금과 교환하지 못하게 되다

미국은 각국에 달러와 금의 태환을 자제해달라고 요청했다. 하지만 달러 환율이 떨어지자 손해 보기를 꺼린 유럽 각국은 달러와 태환해달라는 요청을 멈추지 않았다. 달러의 우위를 유지하려면 달러와 금의 태환 요구에 계속 응해야 하므로 미국 경제는 이러지도 저러지도 못하는 상황에 빠지게 되었다.

특히 미국을 괴롭힌 문제는 소련·중국과의 대리전 양상을 띠었던 베트남 전쟁에서 미국이 지출한 과도한 군사비였다. 1971년이 되자 미국이 가까운 미래에 '달러를 절하하지 않을 수 없을 것이다' 라는 예측이 나오면서 투기성을 띤 달러 매도의 움직임이 격렬해졌다.

결국 1971년 8월 격렬한 달러 매도 압력에 한계를 느낀 공화당 출신의 닉슨 대통령은 긴급 TV 기자회견을 열고, **'달러와 금의 교환을 정지한다'** 는 성명을 발표하기에 이른다. 이것이 바로 **닉슨 쇼크**(달러 쇼크)라 불리는 세계사 수준의 화폐 대변동이다.

'금'으로 가치를 담보받지 못하게 되면서, 달러는 다시 이자를 얻을 수 있는 미국 정부 채무(국채)의 매입 증서가 되었다. **국제 통화 체제가 금·달러본위제에서 달러·미국채본**

위제로 바뀐 것이다. 이때 시카고의 선물 시장은 세계 경제의 전환 방향을 읽고 통화의 선물 거래를 시작했다.

미국 정부는 애초 주요 10개국의 협력을 얻어 어떻게든 고정환율제를 유지하고자 노력했다. 하지만 '달러 약세'가 멈추지 않자 결국 1973년에 **변동환율제**로 이행했다. 전 세계 모든 통화가 금으로 가치를 담보받지 않는 **불환지폐**로 변한 것이다. 쉽게 말해 주춧돌인 달러가 무너지면 그 위에 얹힌 각국 통화도 함께 무너지게 되는 셈이다.

참고로 이 역사적 결단을 내린 닉슨 대통령은 "무릇 성공하는 자는 결단한 것을 즉시 실행하는 법이다"라는 명언을 남겼지만, 달러와 금의 교환 정지는 조금 성급한 결단이었던 듯하다.

닉슨 쇼크에 따른 통화 시스템의 대전환은 19세기에 유럽에서 만들어진, '금으로 가치를 부여받은(금본위제하에서의) 지폐'라는 생각과 미국의 '금으로 보증받지 못한 연방준비권의 전통을 계승한 지폐'라는 생각의 차이가 표면화한 사건이라고도 할 수 있다. 그렇게 브레턴우즈 체제는 불과 25년여 만에 공중 분해되었다. 파운드에서 달러로 이어져온 금본위제가 붕괴해 사라지면서 **각국의 중앙은행이 '종이 통화'의 가치를 보증하는 불안정한 시대로 이행**한 것이다.

동시에 금융의 시대로 넘어오면서 무역 결제뿐 아니라 국경을 넘은 투자, 결제 등에서 환율 거래가 확대된다. 이로써 환율은 날마다 변한다고 해도 좋을 만큼 격렬하게 변동하게 되었다.

> **돈의 흐름이 보이는 포인트 ㉔**
> 닉슨 쇼크로 달러가 불환지폐로 변하면서 금이 더는 지폐의 가치를 담보하지 않게 되었다.

석유로 달러를 지키자

1985년 9월 뉴욕의 플라자호텔에서 **G5**(프랑스, 서독, 일본, 미국, 영국의 선진 5개국 재무장관 중앙은행총재회의)가 열렸다. 이 회의에서 달러가 금과 분리되어 불환지폐가 됨과 동시에 전 세계 모든 돈도 불환지폐가 된다는 최종 합의가 이루어졌다. 이것이 '**플라자 합의**Plaza Accord' 다.

이 회의에서는 지폐에 가치를 부여하기 위해 각국 정부와 중앙은행이 지폐 가치를 관리하는 제도(**관리통화제도**)를 도입하기로 했다. 즉, 통화 관리에 실패해 경제가 파탄 나면 그 국가의 지폐는 휴지 조각으로 변해버리고 마는 무시무시한 시대가 된 것이다. 이로써 세계는 각국 경제가 날마다 변화하고 **각국 정부·중앙은행의 협조로 세계 경제가 유지되는** **'금융 불안정 시대'** 로 접어들었다.

실은 이 시점에서 전 세계 화폐 가치를 안정시키기 위한 새로운 방안을 마련해야 했지만, 달러 발행권을 쥔 미국은 눈앞의 위기만 모면하면 된다는 안이한 발상으로 달러가 계속 기축통화의 지위를 유지할 방편을 찾는 데만 골몰했다.

그 방법은 최대 산유국인 사우디아라비아의 동의를 얻어 **석유를 오로지 달러로만 거래하는 세계적 틀을 만드는 것**이었다. 금본위제를 대신하는 '석유본위제'인 셈이다.

이중 구조가 된 돈과 '증권 혁명'

금과 통화가 완전히 분리되자 미국은 일상적으로 달러를 과잉 발행했다. 금과의 태환이라는 틀이 허물어짐으로써 달러를 임의로 발행할 수 있게 된 것이다.

'미국의 최대 상품은 달러'라고 하는 말까지 있듯이, 미국은 인플레이션의 위험성을 감수하면서까지 달러를 추가 발행함으로써 세계적 규모의 거품 경제를 주도해나갔다.

달러 발행량은 제2차 세계대전 후부터 닉슨 쇼크까지의 25년 동안에는 두 배로 늘었지만, 닉슨 쇼크 이래 45년 동안에는 약 45배로 급격히 증가했다.

통화 발행량이 늘면 인플레이션이 심해지기 마련이지만 빈틈없는 월가는 **'통화의 이중구조'**를 구축함으로써 인플레이션에 대처했다. 인플레이션이 발생하면 돈의 실제 가치는 점차 감소하는 반면, 자산 가치는 증가한다. 따라서 자금의 흐름을 **'돈으로 돈을 불리는 시스템'**인 **'투자'** 쪽으로 돌려 인플레이션을 상쇄하려는 계획**이었다.

그 결과 일정 수준 이상의 자산을 보유해 돈을 투자할 수 있는 사람과 그렇지 못한 사람 간의 격차가 구조적으로 점차 확대되었다. 미국에서는 국민의 1퍼센트를 차지하는 부유층이 국부의 절반을 소유하는, 입이 떡 벌어질 만큼 극심한 격차가 구조적으로 형성된다.

한편 지폐의 과잉 발행에서 비롯된 인플레이션은 경제 규모를 계속 확장하는 방법을 통해서도 억제하려 했다. 그 구체적인 내용은 다음과 같다.

① 개발도상국에 투자함으로써 세계적 규모의 경제를 개발

② 기술 혁신을 통해 국민의 생활을 여러 방면에서 혁신

③ 돈으로 돈을 버는 투자를 확대하기 위한 **증권화**

'증권화'란 본래 기업이 '팔기 힘든' 자산을 대차대조

표에서 분리한 다음, 그 자산이 미래에 창조해내리라 기대되는 가치에 따라 유가 증권을 발행해 자금을 조달하는 방법이었다. 1980년대에 미국은 이 기술을 폭넓게 응용해, 주택 담보 대출, 자동차 담보 대출, 신용카드 채권 등을 바탕으로 다양한 종류의 증권을 만들어 수많은 투자 기회를 창출해냈다. 돈을 불리는 도구와 기회가 단숨에 늘어난 것이다.

금융 상품과 금융 파생 상품이 잇달아 만들어졌고, 물품 매매에 사용되는 통화량을 훨씬 초과하는 통화가 마치 게임을 즐기듯이 통화, 상품, 증권의 선물거래 쪽으로 방향을 틀게 되었다. 여기에 인터넷까지 보급되면서 **세계적 규모의 대금융 시대**가 막을 올렸다.

금융 시장은 적극적으로 지폐의 자가 증식을 꾀하지 않으면 손해라며, '예금에서 투자로' 전환할 것을 대대적으로 선전했다.

돈의 흐름이 보이는 포인트 ㉕
닉슨 쇼크 후에 투자로 향하는 돈이 증가하면서 통화의 이중 구조와 증권화가 진행되었다.

증권 혁명(20세기 말) 전후

브레턴우즈 체제
- 달러＝유일하게 금과 교환 가능
- 고정환율제로 이행
  → 미국으로부터 돈이 유출

⬇

닉슨 쇼크(1971)

⬇

달러의 불환지폐화
→ 통화의 동요

⬇

달러 남발(인플레이션 진행)

⬇

투자 확대

⬇

자산: 인플레이션으로 증대
통화의 이중구조화(격차 확대의 구조화)
교환: 인플레이션으로 감소

⬇

증권 혁명
금융 상품·금융파생상품의 다양화

⬇

금융이 비약적 규모로 확대
(증권 버블)

⬇

리먼 쇼크(2008)
→ 증권 버블의 붕괴

⬇

세계 경제의 재건(현재에 이름)

'글로벌 경제'가 시작된 까닭

1960년 서구의 석유 계열 거대 기업 복합체(메이저)에 의한 석유 저가격 유지 정책에 대응하기 위해 사우디아라비아, 이란, 이라크, 쿠웨이트, 베네수엘라의 다섯 개의 산유국이 석유수출국기구OPEC, Organization of the Petroleum Exporting Countries를 결성했다.

1973년에 **제4차 중동 전쟁**이 발발하자 이를 기회라 여긴 석유수출국기구는 석유 전략을 발동해 지금까지 1배럴에 2~3달러였던 원유 가격을 메이저와 사전 협의도 하지 않고 네 배로 인상했다(제1차 석유 파동). 이후 석유수출국기구는 석유, 파이프라인, 제유 시설의 국유화를 추진해 원유 가격의 결정권을 메이저로부터 조금씩 빼앗아오는 데 성공한다.

이런 와중에 1979년에 일어난 **이란 혁명**으로 이란이 석유 생산량을 줄이자 원유 가격은 1배럴당 30~40달러까지 급등한다(제2차 석유 파동). 석유 가격의 폭등은 선진 공업국에 엄청난 충격을 주었다.

공업 제품의 생산비가 대폭 상승함으로써 경기가 급속도로 악화했고, 엎친 데 덮친 격으로 닉슨 쇼크(달러 위기)로 인한 인플레이션까지 겹쳐졌다. 이후 실업률이 올라가면서 물가도 같이 상승하는, 지금까지 경험해본 적 없는 형태의 불황, **스태그플레이션**stagflation이 전 세계로 퍼졌다. 기업 간의 경쟁이 사상 초유의 규모로 격화되면서 선진 공업국은 신속하게 인건비가 낮은 개발도상국으로 공장을 옮겼다. 이 현상을 **글로벌 경제로의 전환**이라고 한다.

1967년부터 1987년까지의 20년간 글로벌 경제의 버팀목인 다국적 기업의 해외 투자 잔액은 아홉 배로 증가했다. 미국에서는 국내 생산의 5분의 1이 인건비가 낮은 해외의 옛 식민지로 이전했다.

다국적 기업의 어마어마한 자금이 런던의 유로·달러 시장, 영국의 금융업자가 세계화한 조세 피난처로 이동함으로써 조세 이탈 현상이 일반화되었다. 그 결과 국민국가의 기반이 무너져 실물 경제의 틀 안에서 생활하는 사람들, 이를테면 미국의 러스트 벨트Rust Belt(북동부 5대호 주변의 쇠락한 공장 지대—옮긴이) 노동자 등은 점차 생활 기반을 잃게 되었다.

하지만 다국적 기업이 수출용 공장을 활발하게 건설하는 것은 옛 식민지국 측면에서 보면 크게 환영할 만한 일이었다. 다국적 기업의 자금과 기술력을 이용해 한국, 대만, 홍콩, 싱가포르와 같은 아시아의 신흥공업경제지역NIES이 급성장을 이루었으며, 더욱 인건비가 싼 말레이시아, 인도네시아, 중국, 베트남 등이 그 뒤를 따라갔다.

제2차 세계대전 후의 일본 경제를 아시아 경제 성장의 첫

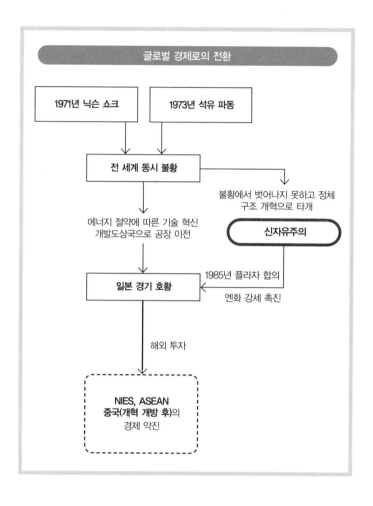

글로벌 경제로의 전환

1971년 닉슨 쇼크

1973년 석유 파동

전 세계 동시 불황

불황에서 벗어나지 못하고 정체
구조 개혁으로 타개

에너지 절약에 따른 기술 혁신
개발도상국으로 공장 이전

신자유주의

일본 경기 호황

1985년 플라자 합의
엔화 강세 촉진

해외 투자

NIES, ASEAN
중국(개혁 개방 후)의
경제 약진

번째 물결이라고 한다면, 아시아 경제는 일본의 부동산 버블이 꺼진 후의 '잃어버린 20년' 때 한국, 대만, 싱가포르 등의 급성장이 두 번째 물결, 중국의 대약진이 세 번째 물결로 성장해온 것이다.

닉슨 쇼크와 석유 파동으로 전 세계 경제가 글로벌 경제로 이행했다.

'엔화 강세'에 따른 부동산 버블로 급속히 후퇴한 일본 경제

세계 경제의 구조가 '변동환율제'로 이행하면서, 제2차 세계대전 이후 고도 경제 성장으로 미국을 급격히 압박했던 일본 경제에 큰 위기가 찾아온다.

앞에서 설명했듯이 1985년 미국은 세계 경제를 선도하던 주요 4개국에 달러 약세 유도에 동참해달라고 요구함으로써 4개국이 달러 절하에 협력하는 플라자 합의가 성립했다. 정치적 힘으로 '달러 약세'를 현실로 만든 미국은 인플레이션을 진정시키는 데도 간신히 성공해, 1990년대 후반에는 도저히 같은 나라라고는 믿기지 않을 만큼 경제가 회복되었다.

한편 일본 경제는 '엔화 강세' 유도로 곤경에 빠졌다. 플라자 합의 후, '1달러=308엔'이었던 엔-달러 환율이 1987년(또는 1989년)에는 120엔까지 떨어졌다. 즉 엔화 가치가 2.5배나 상승한 것이다. '엔화 강세'로 수출 부진의 늪에 빠진 일본 경제에는 당연히 이상 증세가 나타났다. 더군다나 한국, 대만, 홍콩, 싱가포르가 경제 성장을 이룩해 아시아 경제의 양상은 크게 바뀌었다.

당연히 일본은행은 급격한 엔화 강세에 **금융 완화**로 대응했다. 하지만 불경기였던 탓에 과잉 자금이 대량으로 부동산 시장과 주식 시장에 흘러들어 부동산 버블, 주식 버블을 일으켰다. 일본 전국의 땅값이 미국 전체 땅값의 세 배에 달하는, 가히 어처구니없는 상황을 전혀 아랑곳하지 않는 이상 심리 상태가 생겨난 것이다.

광란의 분위기 속에서 일본의 금융 기반은 서서히 무너져갔다. 버블은 열병과 같아서 나중에 생각해보면 정말이지 어처구니없는 일이 태연하게 일어나는 법이다. 그러나 이번에도 일본은 국내만 바라보느라 세계를 보지 못한 데다가, **일본 정부가 오로지 소극적인 시책만 내세우면서 화를 키우고 말았다.** 섬나라로 지낸 역사가 긴 일본에서는 어려운 일이지만, 일본은 '세계'와 함께 움직이는 일이 얼마나 중요한지를 값비싼 수업료를 치르고서야 깨닫게 된 것이다.

1989년 12월 버블 경제하에서 닛케이 평균 주가는 사상 최고치인 3만 8,915엔을 기록했지만, 이듬해 10월이 되자 순식간에 상황이 역전되었다. 버블이 꺼지자 평균 주가는 2만 엔 밑으로 떨어졌고, 1990년에는 야마이치증권, 장기 신용은행, 홋카이도 다쿠쇼쿠은행 등이 잇달아 파산했다.

주가는 크게 폭락했고 엔화 강세가 수출에 걸림돌이 되면서 일본 경제는 사면초가에 빠졌다.

일본은행은 버블 붕괴 후 금융 긴축을 통해 경제 회복을 꾀했지만, 한편으로 정부는 경기를 자극하는 공공사업으로 적자 국채를 늘려갔다. **일본은행이 긴축하면 정부가 팽창시키는 등 엇박자 행보가 복합적으로 작용해 경제는 경기 침체가 장기화**됐고, 적자 국채는 속절없이 쌓여만 갔다.

1990년대에는 인터넷을 중심으로 한 제3차 산업혁명이 진행되어 전 세계에서는 아날로그에서 디지털 시대로의 대전환이 일어났지만 일본 경제는 이 흐름을 타는 데 실패한다.

달러 강세로 전환되면서 통화 위기를 겪은 아시아

플라자 합의 이후 달러가 큰 폭으로 절하되면서 미국 경제는 한숨을 돌리지만, 1990년대 후반이 되자 이번에는 민주당의 클린턴Bill Clinton, 1946~ 대통령이 월가와 손을 잡고 '금융 대국'으로 방향키를 돌린다. **미국의 금융업자가 변동환율제와 IT 산업을 조합하면 전 세계로부터 손쉽게 이익을 얻을 수 있다는 사실을 깨달았기 때문이다.**

금융으로 돈을 벌려면 밑천이 필요하다. 이런 까닭에 미국은 갑자기 태도를 바꾸어 달러 약세에서 달러 강세 쪽으로 방향키를 전환하고, 높은 국채 이자로 전 세계에서 자금을 끌어모았다. 그러자 급격하게 달러 환율이 폭등해 1995년에 달러당 79엔이었던 엔-달러 환율은 3년 후에는 147엔으로 치솟았다. 이로 인해 호경기에 취해 있던 한국, 태국, 인도네시아의 경제는 재난과도 같은 상황에 직면하게 되는데, 이 사건이 바로 **아시아 금융 위기**다.

1980년대 이후 경제의 세계화라는 물결을 타고 급격하게 경제 성장을 이룩한 아시아 국가들은 세계 경제가 변동환율제로 이행한 후에도 달러와의 고정환율제를 유지해왔다. 이를 **달러 페그제**Peg System라고 한다. 페그란 '못을 박아 고정한다'는 뜻이다.

아시아 국가들 입장에서는 해외 투자를 유치하고 인플레이션을 방지하려면 값싼 달러와 연동되는 편이 바람직했던 것이다. 그런데 변덕스러운 미국이 '미국 제일주의'를 내세워 갑작스럽게 달러 강세로 전환한 탓에 수년 만에 달러가 80퍼센트나 비싸졌다. 그러자 한국의 원화, 태국의 바트화 등도 덩달아 급등했고, 수출이 점차 부진을 면치 못하게 되었다.

이와 같은 상황 속에서 1997년 헤지펀드(세계적 규모의 투자 집단)가 실제 경제 상태보다 훨씬 높게 평가되어 있던 한국의 원화, 태국의 바트화 등을 팔아치운다. 통화를 팔아 가격을 바닥으로 떨어뜨린 다음 다시 사들여 그 차액으로 돈을 버는 '공매도'라는 수법이다.

원화, 바트화는 실제 경제 상황과는 정반대로 상당히 고평가된 상태였으므로 헤지펀드의 판단은 적중했다. 한국과 태국의 금융 당국은 달러를 팔아 각각 자국의 화폐를 방어했지만, 자금력 면에서는 투기 집단이 훨씬 우위에 있었다.

원화와 바트화는 크게 폭락했고, 주가 또한 곤두박질쳤다. 결과적으로 달러 페그제는 아시아에서 홍콩을 제외하고 전부 폐지되었다. IMF는 경제가 파탄 난 한국, 태국, 인도네시아 등에 약 360억 달러의 자금을 원조하며 까다로운 조건하에서 경제를 개혁하라고 촉구했다.

미국과 중국은 윈-윈 관계였을까

1989년 11월 냉전의 상징이었던 베를린 장벽이 무너졌다. 게다가 1991년 말 공산당의 쿠데타 미수 사건으로 소련의 사회주의 정권이 막을 내렸다.

미국의 역사가 프랜시스 후쿠야마Francis Yoshihiro Fukuyama,

1952~는 《역사의 종말》이라는 책에서 "자유와 민주주의가 승리함으로써 이제 전 세계에서 대립은 소멸했다"라고 말했다. 그러나 역사는 오히려 역방향으로 흘러갔다. 미국은 다국적군을 조직해 1991년에 이라크와 벌인 걸프 전쟁에서 승리를 거두지만 중동에 깊이 관여하게 되어, 아프가니스탄 전쟁과 이라크 전쟁에서 큰 타격을 입었다.

한편 중국에서는 문화대혁명을 주도해 권력을 탈취한 마오쩌둥毛澤東, 1893~1976이 세상을 떠나고, 다음 권력을 잡은 덩샤오핑鄧小平, 1904~1997이 1978년에 **인민공사**(1958년부터 시작한 대약진 운동의 하나로 도입된 '정사합일政社合一' 조직)를 해산시켰다. 그리고 문화대혁명文化大革命, 1966~1976으로 이미 형태만 남아 있던 사회주의 경제를 실질적으로 포기하고 **'개혁개방'**을 추진한다.

적극적인 외자 유치에 따른 중국 경제의 변화는 19세기 말 이후 중국 시장 진출을 대외 정책으로 추진해온 미국에, 해묵은 숙제를 해결할 절호의 기회였다. 미국의 10분의 1밖에 되지 않는 값싼 노동력이 매력적이었던 것이다. 미국 기업이 선두에 서고, 유럽과 일본 기업이 앞다퉈 중국에 진출함으로써 중국은 농촌의 값싼 노동력을 이용해 점차 '세계의 공장'으로 탈바꿈한다.

소련 붕괴에 따른 사회주의 퇴조의 흐름 속에서 중국의

공산당 정권은 톈안먼 사건을 탄압하는 등 강권 정치를 유지한 채로 '사회주의 시장경제'라는 명목하에 다국적 기업을 유치했고, 기술을 흡수해 경제 성장을 꾀했다.

덩샤오핑은 "먼저 부자가 될 수 있는 곳부터 부자가 되자"라는 '선부론先富論'을 내세워 경세 성장을 우선시해 격차 확대를 시인했다. 하지만 중국 사회의 관존민비 전통을 완전히 없애기란 무척 어려운 일이어서 당 관료들의 부패가 끊이질 않았다. 2001년에 중국은 세계무역기구WTO에 가입함으로써 값싼 노동력을 이용해 유럽연합과 미국에 대한 수출을 늘려갔다. 이로써 수출과 국내 투자는 중국 경제 성장의 양대 기둥이 되었다.

한편 **'차이나메리카**Chinamerica(미국 하버드 대학교 역사학 교수 니얼 퍼거슨이 미국과 중국의 공생관계를 설명한 말—옮긴이)'라는 말이 있듯이, 미국의 다국적 기업이 값싼 노동력의 중국을 하청업체로 두고 폭리를 취하려는 경향이 강해졌다. 미국에서 제품을 기획·구상하고 생산을 중국에 위탁하는 방식이다.

중국은 컴퓨터까지 조립하는 '세계의 공장'으로 변모했다. 그러나 중국이 최근에 공산당의 일당 지배하에서 인공지능이나 사물인터넷IoT과 같은 선진 기술 육성에 힘을 쏟고, 중국의 '소비 시장' 또한 거대해지면서 중국 경제는 미국 경제를 위협할 만한 수준으로 성장했다. 이에 트럼프 대통령은 지식재산권을 지키기 위한 보호관세로 미국의 권리와 이익을 지키려 하고 있다.

'자기중심적 통화' 달러에서 자립하고 싶었던 유럽연합

유럽에서는 철저히 자국의 이익만을 위해 행동하는 미국에 대항하려는 움직임이 거세졌다. 이로 인해 1993년 **마스트리흐트 조약**Maastricht Treaty이 체결됨으로써, 유럽 시장의 통합과 사람·물자의 자유로운 이동을 목표로 하는 **유럽연합이 출범**했다. 2002년에는 유럽연합의 공통 통화인 유로가 사용되기 시작했다(1999년에 만들어졌으며, 처음에는 11개국이 가입했다. 2015년 시점에서는 19개국).

유럽은 유로로 각 국가 간의 환차손실을 없애 유럽 국가들의 재정 안정을 꾀했다(유로의 가치를 유지하기 위해 각국의 재정 적자를 GDP의 3퍼센트로 제한). **유럽연합은 변동환율제로 이행한 이래, 눈 뜨고 보기 힘들 정도로 횡포를 부리는 달러에 대한 불안감과 불신감 때문에 공통 통화인 유로를 발행하기로 단행한 것이다.**

영향력 있는 유로의 출현은 미국 달러에 위협이 되었다.

월가는 한때 일본 경제를 무너뜨린 것처럼 유로를 무너뜨리는 데 착수했다. 이때 이용된 사건이 2009년에 발각된 그리스 정부의 과잉 채무 문제를 시작으로 스페인과 아일랜드 등으로 퍼진 **재정 위기**(유럽의 소브린 위기)였다.

2004년 이후에는 붕괴한 구소련에서 독립한 동유럽 10개국이 새롭게 가입해 유럽연합 회원국은 25개국으로 늘어났다. 한때는 유럽연합도 유로도 순조로웠다. 유럽연합에서는 각국 정부로부터 독립한 유럽중앙은행ECB이 유로를 발행해 출자금에 따라 각국에 분배했지만, 유럽중앙은행은 동시에 금리 결정, 외환 시장 개입과 같은 금융 정책상의 권한을 쥐고 있었다.

그 결과 각국 정부는 금융 주권을 잃고 오직 재정상의 권한만 가지게 되었다. 영국은 유럽중앙은행에 금융에 대한 권한을 양보하는 것을 꺼려 유로 도입을 거부했다. 한때 세계 통화였던 파운드를 지킨 것이다.

런던은 오늘날에도 여전히 국제 금융의 중심지로 전 세계 외환 거래액의 40퍼센트를 차지하고 있으며, 그 거래액은 뉴욕 시장과 도쿄 시장을 합친 금액을 웃돈다. 대처 정권의 금융자유화 정책으로 런던의 금융 시장에 외국 자본이 대거 유입됨으로써, 런던은 세계 금융의 중심지라는 자리를 계속해서 유지할 수 있었던 것이다.

리먼 쇼크로 '증권 혁명'이 좌절되다

2000년대 미국은 2001년에 있었던 IT 버블 붕괴의 타격을 완화하기 위해 장기에 걸쳐 저금리 정책을 고수했다. 그 결과 '이민 국가 미국'에서는 저금리 정책을 이용한 부동산 붐이 진행되었는데, 특히 저소득층이 주택 담보 대출을 받아 부동산을 사려는 움직임이 활발해졌다. 자산이 많지 않은 사람들을 대상으로 고금리로 대출해주자(서브프라임 모기지론), 상환 능력에 아랑곳하지 않고 대출받는 사람이 점점 늘어났다. 금융업자는 이러한 고금리 채권을 사들인 다음, 위험을 분산시키기 위해 잘게 쪼개 국채, 주식 등의 금융 상품과 함께 묶어 전 세계에 팔아넘겼다.

2008년 9월 상환 능력이 의심스러운데도 대출해준 서브프라임 모기지의 상당량을 회수할 수 없게 되었다는 사실이 밝혀지자 **증권 버블**이 터졌다. 그러나 증권은 그 조성이 복잡해서 파탄이 난 채권이 어느 증권에 얼마나 들어있는지를 알기 어려웠으므로, 불안해진 투자자들이 앞을 다투어 금융 상품을 매각함으로써 금융 공황이 일어났다. 증권사, 은행, 보험사는 커다란 타격을 입었다.

이처럼 버블이 붕괴하는 와중에도 자기 이익을 최우선으로 여긴 무책임한 경제 행위가 반복되는 바람에 전 세계 사람들이 버블에 휘말렸다.

2008년에 미국 제4위 투자은행인 리먼브러더스가 약 6,000억 달러의 부채를 떠안고 도산했고, 경영이 파탄 난 세계 최대의 보험회사, AIU는 미국 정부가 국유화했다. 이 사태는 여러 방면에 영향을 끼쳐, 전 세계 경제에 1929년의 대공황을 훨씬 능가하는 타격을 주었다. 이 사건을 **리먼 쇼크**라고 한다. 앞에서 설명한 투자은행을 중심으로 전개되어 온 닉슨 쇼크 이래의 **'증권화' 움직임이 큰 타격**을 받은 것이다.

2009년에 IMF는 리먼 쇼크로 금융 기관이 입은 손실이 약 4조 달러에 달한다고 추정했다. 미국의 증권 버블이 붕괴하자 이미 부동산 버블이 꺼진 유럽에까지 불똥이 튀었다. 경제 위기에 직면한 미국 연방준비이사회 의장 벤 버냉키Ben Bernanke, 1953~는 한때 '대공황'을 연구했던 경험을 살려보겠다며 대량의 달러를 추가 발행했고, "헬리콥터에서 뿌리듯이" 금융 시장에 달러를 공급함으로써 대규모 인플레이션을 일으키는 정책을 취했다. 인터넷의 보급으로 이미 돈이 전자화된 상태였으므로, 달러를 대량으로 공급하는 것은 너무나 손쉬운 일이었다.

그 후 미국의 금융업은 풍부한 달러를 이용해 개발도상국의 투자 버블이나 인터넷을 활용한 금융 혁신 등으로 이익을 축적해 기세를 만회했다. 하지만 추가 발행된 달러가 빈곤층에게까지는 닿지 못하면서 미국의 경제 격차는 계속 벌어지고 있다.

그 결과 2016년의 대통령 선거에서는 다수의 예상을 뒤엎고 미국의 금융 제국화를 추진해온 힐러리 클린턴Hillary Clinton, 1947~이 패배했고, 거품 후보라며 야유받던 트럼프가 대중의 불만을 능숙하게 이용해 대통령에 당선되었다.

> **돈의 흐름이 보이는 포인트 ㉘**
> 2008년에 일어난 리먼 쇼크는 증권화로 향하던 세계 경제에 커다란 타격을 주었다.

중국이 추진하는 '일대일로'의 목표

2008년의 리먼 쇼크로 인한 세계적인 경제 붕괴 위기를 막은 것은 아시아의 급속한 경제 성장이었다. 특히 중국은 전 세계 경제 위기를 기회로 여기고 40조 위안에 달하는 거액을 투자해, 이를 계기로 내륙부에 고속철도와 고속도로를 설치하는 등 인프라 정비를 통해 '내륙 농업 지대'의 급속한 경제 발전을 추진했다.

중국 경제가 약진하기 위해서는 내륙부의 인프라를 반드시 정비해야만 하는데, 세계 경제 위기를 기회로 이 과제를 신속히 해결하려는 공산당 정권의 속셈이었다. 물론 미국과 유럽연합에 수출하는 양이 급감해, 이를 거액의 건설 투자로 메우려는 의도도 있었다.

2008년 이후 연해부에서부터 고속도로와 고속철도가 건설되고, 내륙부에서 대규모 도시화가 진행되면서 막대한 투자 자금이 움직였다. 쓰촨성의 충칭은 상하이, 베이징을 능가하는 대도시로 급성장했다.

건설 붐이 일어나 단기간에 중국의 GDP는 일본을 제치고 세계 제2위로 약진했다. 중국판 '도금 시대'인 셈이다. 이처럼 건설 붐이 한창인 가운데 당 관료 및 군부의 부패와 타락이 수면 위로 드러나 점차 민중의 신뢰를 잃게 되었다.

단기 과잉 투자로 발생한 중국의 어마어마한 건설 버블은 지방 정부가 만든 거액의 채무가 쌓이면서 그 버블이 붕괴할 위기에 처한다. 게다가 발탁 인사에 따른 지도자 선정의 경직화, 뇌물 수수를 비롯한 당 관료의 부패, 임금 폭등에 따른 외국 자본의 철수가 중첩되어 2012년에는 30년 가

까이 두 자릿수 성장을 기록했던 중국의 경제 성장률이 7퍼센트 밑으로 떨어졌다.

경제가 악화하는 가운데 부패 척결을 목표로 내세워 권력을 강화한 사람이 바로 시진핑習近平, 1953~이었다. 부패 척결로 대중의 지지를 얻은 시진핑은 예전의 스탈린, 마오쩌둥처럼 정치 우위 정책으로 전환하는 동시에, 러시아의 세력이 후퇴한 상황을 이용해 중앙아시아를 세력권에 편입하려는 계책을 세웠다. 이렇게 채택된 정책이 일대일로였으며, 금융 면에서는 **아시아·인프라 투자은행**AIIB의 창립이었다.

이 구상의 배후에 버블 붕괴 후, 남은 철이나 시멘트 등의 과잉 물자를 아직 인프라가 정비되지 않은 국가들에서 사용해 경제 위기를 방지하고 통화인 위안화의 세계화를 도모하려는 의도가 있었음은 두말할 필요도 없다.

'일대일로'는 새로운 비단길路 경제 벨트帶에 21세기의 해상 비단길을 조합한 구상이지만, 이는 앞에서 설명한 **몽골 제국의 쿠빌라이 칸 시대에 만들었던 '유라시아 원환 네트워크'의 현대판**이나 마찬가지다.

중국은 유라시아 세계를 중국의 영향력에 둠으로써, 19세기 이후에 영국, 미국의 주도로 형성되어온 현대의 경제 체제를 전환하려는 전략인 것이다. 게다가 중국은 일대일로의

중국의 '일대일로' 정책

주변 64개국에 전 세계 총인구의 63퍼센트, GDP의 29퍼센트가 집중되어 있다고 주장한다.

IT 시스템은 단말기 전자화폐를 원한다

1990년대 이후 전 세계적으로 인터넷이 급격히 보급되면서 지구를 둘러싼 가상 공간이 급속하게 그 형태를 갖추게 되었다. 인터넷과 친화성이 강한 금융계에서도 대형 컴퓨터 등의 도입으로 경제 규모가 점차 확대되었고, 전자화된 숫자가 대량으로 가상 공간을 오가게 되었다. 인터넷 단말기 전자화폐(IC 카드형 전자화폐–옮긴이)가 지폐를 대신해 고속 회전하는 시대로 이행한 것이다.

보안, IT 사업자의 주도권이 강화된다는 점 등에서 문제가 많지만, 전자화폐의 세계화는 멈출 기세가 보이지 않는다. 카드 사회인 미국에서는 IT 기술의 발달로 카드의 거래 속도가 더욱 빨라졌다. 비자카드의 시스템 처리 속도는 1초에 2만 4,000건에 달할 정도다. 전자 거래로 금융 거래의 속도가 지금까지와는 비교가 되지 않을 만큼 빨라진 것이다.

중국 또한 스마트폰을 사용하는 현금 없는 시대로 급속하게 이행하면서 인터넷 시스템이 필요로 하는 전자화폐로 점차 전환되고 있다. 은행이 아직 사회의 구석구석에까지 보급되지 않은 아프리카에서도 스마트폰을 이용하는 거래가 급속히 보급 중이다.

싱가포르, 캐나다, 에스토니아 등 많은 나라의 중앙은행에서는 지폐와 연동하거나 지폐를 대신하는 전자통화를 개발하기 위해 한창 연구 중이다.

개인 차원에서도 자산이 인터넷 화면에 표시됨에 따라 현실에서 지폐의 존재는 점차 희미해져 가는 추세다. 사기업이 발행하는 IC 카드를 비롯한 각종 카드, 쇼핑할 때마다 쌓이는 포인트 등이 생활에 침투해 지폐(중앙은행이 가치를 보증하는 통화)와 그 '교환증'인 전자화폐의 경계가 흐릿해지고 있는 것이다.

하지만 전파상의 숫자를 언제든지 지폐로 전환할 수 있다는 믿음이 전자화폐를 지탱하고 있는 것 또한 사실이다.

돈의 흐름이 보이는 포인트 ㉙

인터넷이 보급됨에 따라 전 세계적으로 전자화폐가 보급되었다. 각국의 중앙은행에서는 통화의 일부를 전자화폐로 바꾸는 방안도 선택지에 넣고 있다.

제12장

'비트코인'이 '통화'가 될 수 없는 세계사적 이유

돈은 '돈 그 자체'와 '돈의 시스템'이 필요하다.
인터넷을 오가는 무국적 비트코인이 돈의 공공성을
계승한다는 말은 결국 깊게 파고 들어가면
통화 발행권을 쥔 국민국가를 어떻게 할 것인가라는
문제로 귀결된다.

비트코인은 정말 '혁명적'일까

리먼 쇼크가 일어난 2008년 인터넷에 '나카모토 사토시'란 이름으로 **블록체인** 기술이 관리하는 인터넷상의 화폐인 '**비트코인**'에 관한 논문이 게재되었다. 비트코인은 '가상 통화', '암호 통화' 등으로 번역되지만, 정확히 말하면 통화가 아니라 '가상 화폐'다.

블록체인은 인터넷상의 여러 컴퓨터로 거래 기록을 공유하고 서로 감시하면서 기록을 체인처럼 연결하는 데이터 관리 기술(분산형 장부)을 말한다. 데이터 덩어리를 '노드'라 불리는 컴퓨터 네트워크에서 10분마다 블록(장부)으로 만들고, 이 블록들을 연결해 보존함으로써 과거의 데이터를 위조하지 못하게 한다. 그 결과 비트코인으로 자산을 보전할 수 있다는 것이다.

비트코인에 관한 이 논문은 다음과 같은 사회적 배경 등을 이유로 중앙은행의 통제에서 벗어나 개인이나 기업이 인터넷상의 전파로 자유롭게 세계 통화를 만들 수 있다고 제안했다.

① 인터넷과 스마트폰이 실생활에 침투한 점
② 화폐의 재료가 종이에서 전파로 전환될 가능성이 높아진 점
③ 리먼 쇼크로 증권 버블이 꺼져, 금융 상품이나 기존 화폐에 대한 신뢰가 줄어든 점

또 암호 이론에 따라 통화 발행량이 정해져 있으므로 가치에 '거품'이 끼지 않는다고 주장했다. 여러 가지 그럴싸한 말이 쓰여 있지만 비트코인은 **"어째서 특정한 개인에게 '통화'를 만드는 권리를 부여할 수 있는가, 그 가치는 무엇이 보증해주는 것인가"** 라는 정작 중요한 설명이 빠져 있다.

분명 '자국 통화의 신용도가 낮은 국가에서 자산 가치 확보 가능', '송금 수단', '낮은 결제 비용'과 같은 이점은 있지만, 비트코인이 목표로 하는 유통 규모에 걸맞은 가치 보증 시스템이나 보안 기술이 없다는 것이 난점이다.

이러한 까닭에 제조하는 데 많은 전력과 시간이 소비되는 비트코인이란 특수한 전자화폐 자체가 금과 같은 귀금속과 동일한 가치를 가지게 될 것이라고 설명한다. 비트코인의 특징을 간단히 정리해보면 다음과 같다.

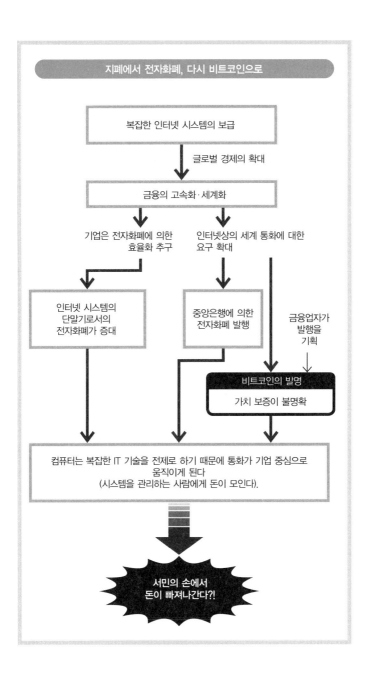

지폐에서 전자화폐, 다시 비트코인으로

복잡한 인터넷 시스템의 보급

글로벌 경제의 확대

금융의 고속화·세계화

기업은 전자화폐에 의한
효율화 추구

인터넷상의 세계 통화에 대한
요구 확대

인터넷 시스템의
단말기로서의
전자화폐가 증대

중앙은행에 의한
전자화폐 발행

금융업자가
발행을
기획

비트코인의 발명

가치 보증이 불명확

컴퓨터는 복잡한 IT 기술을 전제로 하기 때문에 통화가 기업 중심으로
움직이게 된다
(시스템을 관리하는 사람에게 돈이 모인다).

서민의 손에서
돈이 빠져나간다?!

① 가시화할 수 없는 가상의 전자화폐

② 실체는 컴퓨터상의 전자 데이터

③ 국민국가로부터 자립해 사용할 수 있는 국제 화폐

④ 네트워크에 참가하는 개인과 기업에 화폐의 생산·발행 및 운영을 맡김

⑤ 암호 서명에 의한 본인 확인 시스템

비트코인에는 이들 요소가 조합되어 있다는 것이다. 이 같은 시스템을 유지하고 비트코인을 만드는 데(채굴하는 데)는 거액의 비용이 드는 까닭에 비트코인에 가치가 생겨난다는 논리다. **돈은 '돈 그 자체'와 '돈의 시스템'이 필요하다.** 현재는 전 세계의 불환지폐가 190여 개국의 중앙은행에 의해 그 가치를 보증받고 있는 상황이므로, 인터넷을 오가는 무국적 비트코인이 돈의 공공성을 계승한다는 말은 상당히 무리한 주장이다.

결국 깊게 들어가면 통화 발행권을 쥔 국민국가를 어떻게 할 것인가라는 문제로 귀결된다.

돈의 흐름이 보이는 포인트 ㉚

화폐의 시스템을 블록체인으로 재편하는 비트코인이 제기되었다.

사적으로 만들어지므로 공공성을 바랄 수 없다

비트코인은 암호 통화의 총칭으로, '암호 통화'는 비트코인과 나중에 발행된, 현재 1,000종류 이상의 알트코인altcoin으로 나뉜다.

시가 총액을 보면 비트코인이 46퍼센트, 비탈릭 부테린Vitalik Buterin 고안해낸 이더리움Ethereum이 23퍼센트로 이 둘이 전체의 70퍼센트를 차지한다. 이후 이 책에서는 비트코인과 후발주자인 알트코인을 한데 묶어 '비트코인'이라 표기하도록 한다.

다시 한번 확실히 해두면, 통화의 정의는 '국가가 가치를 보증하고 강제로 유통한 화폐'다. 따라서 당연한 말이지만 전 세계 대부분 국가에서는 비트코인을 통화로 간주하지 않는다. 일본의 경우에는 2017년에 비트코인 거래 시에 부과되었던 소비세도 폐지했다.

'비트코인은 국제 화폐이므로 일본에서만 세금을 부과할 수는 없다'는 주장도 있는데, 소비세를 폐지한 실제 이유는 일본 정부가 비트코인을 상품이 아닌 단순한 지불 수단(도구)으로 여겼기 때문이다.

예전에 민간 잉글랜드은행은 정부가 필요로 하는 군사비를 영국 정부에 저금리로 융자하고, 그 대가로 지폐 발행권을 획득했지만, 훗날 중앙은행이 되어 최종적으로는 국영화되는 식으로 변화했다. **통화는 공공성을 가진다는 것이 전 세계 공통 인식이다.**

특히 닉슨 쇼크로 통화가 불환지폐로 변한 후에는 전 세계 통화 제도가 중앙은행, 정부에 의한 관리통화제로 겨우 유지되는 중이다. 단, 세계 경제를 선도하는 미국에서만 그간의 이런저런 사정 탓에 민간 은행이 계속 통화 발행권을 보유하고 있다.

그렇다고는 해도 파운드나 달러 지폐가 사적으로 만들어졌던 시대와 오늘날을 비교해보면 통화의 사회성이 상당히 달라진 듯하다. 이와 같은 돈의 현재 상황에 비추어보았을 때, '국가가 관리하지 않는 통화'를 표방하는 비트코인은 실제로는 다음과 같은 역할만 수행하게 된다.

① 통화에 대한 규제가 엄격한 나라의 돈을 외국으로 송금하기 위한 수단
② 자금 세탁의 도구
③ 급변하는 경제 상황에 대비하기 위한 금융 자산
④ 일확천금을 노리는 투기의 도구

그 자체로 가치가 있다고 주장되는 비트코인을 만드는 작업을 금 채굴에 빗대어 **'채굴**mining**'** 이라고 한다. 하지만 이는 비트코인 선전에 흔히 '금화' 사진을 사용하는 것과 똑같은 이미지 조작이다. 비트코인을 만드는 데는 거액의 비용이 들며 그 수량이 제한되어 있다. 그러므로 일정하게 세공된 전파인 비트코인은 금과 동등한 가치를 가진다는 이미지를 만들기 위해서다.

예전에 비트코인은 많은 양의 전력을 사용해 '특정 단계를 밟아 대형 컴퓨터를 장기간 조작하면 누구라도 만들 수 있다'고 해, 아마존에 제작 매뉴얼과 제조를 위한 컴퓨터가 출시되기도 했다. 하지만 최근에는 채굴 전용 대형 컴퓨터 설비를 갖추고 24시간 풀가동하는 중국이나 러시아 등의 '채굴 농장mining farm' 13개 사가 비트코인의 약 80퍼센트를 생산한다고 한다. 과점이 진행되고 있으므로 **비트코인은 '민주적 화폐'로 누구나 만들 수 있다는 슬로건은 이미 무너진 셈이다.**

제2장에서도 설명했지만 크로이소스 왕이 화폐를 발행해 세계 역사상 가장 유명한 부호가 된 것처럼, 화폐 발행은 어마어마한 부를 쌓게 해준다. 이러한 까닭에 일확천금을 노

리는 사람들이 화폐 발행에 뛰어드는 현상은 역사 속에서 여러 차례 반복되었다.

애초에 발행된 이래 수년 동안에는 아무도 거들떠보지 않았던 비트코인이 갑자기 주목받게 된 시기는 2013년 그리스 금융 위기의 여파로 조세 회피처인 키프로스에서 일어난 금융 위기, 이른바 **'키프로스 위기'** 때였다. 유럽연합은 경제 위기에 빠진 키프로스를 금융 지원하는 조건으로 은행 예금에 세금을 약 10퍼센트 부과할 것을 요구했다.

이는 키프로스에 예금이 있는 해외 부유층에게 청천벽력과도 같은 일이었다. 그 결과 재산을 지키려는 움직임이 키프로스에 자산을 옮겨둔 러시아인 부유층(키프로스 은행 자산의 약 3분의 1이 러시아 머니다) 사이에 퍼졌다.

은행을 통해 해외로 예금을 옮기는 데는 여러 날이 소요되므로 그사이에 예금이 봉쇄되어 예금을 압류당할지도 모른다. 하지만 암호를 통해 컴퓨터에서 다른 컴퓨터로 자금을 옮길 수 있는 비트코인이라면, 단 몇 시간 만에 자산을 국외로 은밀하게 옮길 수 있다는 논리였다. 그리하여 '비트코인이 자산 보전에 효과적이다'라는 인식이 퍼지면서 가치 폭등이 일어났다.

오늘날의 글로벌 경제는 경기 변동이 심해 매우 불안한 상태일 뿐 아니라 한편으로는 엄격한 규제 탓에 해외 송금을 마음대로 하기 어려운 국가도 있다. 이런 까닭에 **비트코인이 자산을 옮기는 도구로서 높은 평가를 받게 된 것이다.**

중국 부호가 대량으로 매수한 이유

이후 비트코인의 수요가 높아진 곳은 '벼락부자들' 사이에 국외로 송금하려는 의지가 강하고 국가 규제가 엄격한 중국이었다. 해외로 자금을 빼돌리고 싶은 부유층이 비트코인을 대량으로 구매한 것이다.

2017년 당시에는 중국의 세 군데 거래소(오케이코인, 훠비, BTC차이나)가 전 세계 비트코인 거래의 93퍼센트를 차지했다. 특히 테더사Tether Ltd.가 중국에서 크게 활약했다. 테더사는 홍콩 거래소에서 달러와의 교환에 특화된 '테더Tether'라는 '가상 통화'와 '법정 통화'의 하이브리드를 발행해, 급격하게 발행량을 늘렸다.

테더사는 발행한 테더 금액과 동일한 금액의 달러 지폐를 항상 보유하고 있으니, 언제든지 1테더를 1달러로 교환해주겠다고 선전하며 계속해서 테더를 발행했다. 이런 까닭에 테더는 자산을 국외로 옮기고 싶은 중국의 부유층에게 더없이 좋은 도구였다.

테더를 사서 다른 나라로 송금하고 이를 송금처에서 달러로 바꾸면 위안을 달러로 환전해 송금하는 것과 마찬가지다. 게다가 송금 수수료 또한 절대적으로 낮았다. 그야말로 잘 짜인 시스템이 아닐 수 없다.

중국의 부유층이 대량으로 구매한 테더는 비트코인이나 각종 알트코인으로도 교환됨으로써 비트코인 보급에 주도적 역할을 해왔다고 평가할 수 있다. 테더가 중국의 머니로 비트코인 시장을 팽창시킨 셈이다.

하지만 2017년 11월에 해킹으로 3,100만 달러분의 테더가 유출되는 사건이 일어났다. 또 최근에는 급격하게 발행량을 늘려 비트코인과 교환된 테더가 과연 동일한 금액의 막대한 달러를 교환소에 보관하고 있는지도 의문시되고 있다. 예전에 지폐가 종이와 금의 태환을 주장하면서도 결국 불환지폐가 되어버린 전례가 있어, 이와 똑같은 일이 되풀이되는 것은 아닌지 우려되고 있다.

홍콩에서 판매된 테더는 중국 주권의 일부를 구성하는 통화 발행권에 저촉하는 탓에 중국에서는 교환소를 엄격하게 규제하게 되었다.

블록체인 기술은 통화의 개념을 바꿀까

현재 비트코인은 투기 수단으로 이용되어, 하루 동안 가격이 10~30퍼센트나 변동하는 등 작은 버블이 진행 중이다. 이와 같은 작은 버블은 비트코인이 송금 수단이 아닌, 그 자체가 가치를 지녔다는 환상을 퍼뜨리는 데 유리하게 작용한다.

하지만 2018년 일본의 비트코인 거래소인 코인체크에서 누군가가 컴퓨터에 부정으로 침입해서 빼낸 463억 엔 상당의 넴NEM(알트코인의 일종)을 교묘하게 조작해, 다크웹dark web(특수한 웹브라우저를 사용해야만 접근할 수 있는 웹으로, 익명성 보장은 물론 IP주소 추적이 불가능하도록 고안된 인터넷 영역—옮긴이)에 개설된 교환소에서 비트코인과 교환한 후 최종적으로 현금화한 사건이 있었다. 이는 비트코인의 자산으로서의 안전성에 커다란 의문을 던졌다.

이 같은 상황 속에서 한편에서는 비트코인을 뒷받침하는 블록체인 기술이 지금까지의 통화 개념을 혁신할 수 있다고 주장하기도 한다.

블록체인은 '분산형 공개 장부 기술'이라 불려, 관리자를 통하지 않고도 거래 담당자 간에 그 정통성을 확인할 수 있는 기술이다. 이 기술은 전파를 통화로 이용하는 데 필수적인 기술로 평가받아 현재 캐나다, 영국, 싱가포르 등의 중앙은행에서 활발히 연구되고 있다. JP모건, 바클레이스 Barclays, UBS와 같은 대형 은행들 사이에서도 공동 연구가 진행 중이다.

최근에는 비트코인, 블록체인이나 인공지능을 사용한 금융 혁신과 같은 경제 기사가 신문 및 경제 주간지를 장식하고 있다. 앞으로의 일을 알기 위해 인터넷이나 금융 전문가의 말 등을 꾸준히 살펴볼 필요가 있는 것이다. 은에서 지폐로, 다시 전자화폐로 변모해온 돈의 역사에 관한 이야기는 이쯤에서 끝마친다.

국내 출간 도서

구로다 아키노부, 정혜중 옮김, 《화폐시스템의 세계사》, 논형, 2005.

빌 토튼, 김종철 옮김, 《100% 돈이 세상을 살린다》, 녹색평론사, 2013.

리하르트 A. 베르너, 유진숙·오영상 옮김, 장보형 감수, 《금융의 역습, 과거로부터 미래를 읽다》, 유비온(랜드스쿨, 패튼스쿨), 2009.

마르코 폴로, 《동방견문록》.

미셸 보, 김윤자 옮김, 《미셸 보의 자본주의의 역사》, 뿌리와이파리, 2015.

에드워드 챈슬러, 강남규 옮김, 《금융투기의 역사》, 국일증권경제연구소, 2001.

오무라 오지로, 하연수·정선우 옮김, 《비정하고 매혹적인 쩐의 세계사》, 21세기북스, 2016.

울리케 헤르만, 이미옥 옮김, 《자본의 승리인가 자본의 위기인가》, 에코리브르, 2014.

이매뉴얼 월러스틴, 나종일·백영경 옮김, 《역사적 자본주의/자본주의 문명》, 창비, 1993.

자크 아탈리, 양영란 옮김, 이종한 감수, 《위기 그리고 그 이후》, 위즈덤하우스, 2009.

존 케네스 갤브레이스, 이헌대 옮김, 《대폭락 1929》, 일리, 2008.

피터 L. 번스타인, 김승욱 옮김, 《금, 인간의 영혼을 소유하다》, 작가정
신, 2010.

필립 D. 커튼, 김병순 옮김, 《경제 인류학으로 본 세계 무역의 역사》,
모티브북, 2007.

국내 미 출간 도서

가나이 유이치 외 엮음, 《세계 경제의 역사世界經濟の歷史》, 나고야대학
출판회, 2010.

가와키타 미노루, 《영국 근대사 강의イギリス近代史講義》, 고단샤겐다이신
쇼, 2010.

나카무라 가쓰미, 《세계 경제사世界經濟史》, 고단샤가쿠주쓰문고, 1994.

나카오 시게오, 《입문 세계의 경제 글로벌리제이션 500년 역사에서 무
엇을 배울 것인가入門世界の經濟グローバリゼーション500年の歷史から何を學
ぶか》, 분신도, 2013.

나카오 다케히코, 《미국의 경제 정책アメリカの經濟政策》, 주코신쇼,
2008.

니시카와 준, 《신·세계 경제사 입문新·世界經濟史入門》, 이와나미신쇼,
2014.

다마키 도시아키, 《근대 유럽의 탄생-네덜란드에서 영국으로近代ヨーロ
ッパの誕生─オランダからイギリスへ》, 고단샤센쇼메치에, 2009.

마키노 스미오, 《달러의 역사ドルの歷史》, NHK북스, 1964.

미즈노 가즈오, 《사람들은 왜 글로벌 경제의 본질을 잘못 보는가人々は
なぜグローバル經濟の本質を見誤るのか》, 닛케이비즈니스분코, 2013.

미즈노 가즈오, 가와시마 히로유키, 《세계사 속의 자본주의世界史の中の

資本主義》, 도요게이자이신포샤, 2013.

사에키 게이시, 《'욕망'과 자본주의「欲望」と資本主義》, 고단샤겐다이신
쇼, 1993.

아베 에쓰오, 《경영사經營史》, 닛케이분코, 2002.

아사다 미노루, 《상업 혁명과 동인도 무역商業革命と東インド貿易》, 호리쓰
분카샤, 1084.

아키타 시게루《영국 제국의 역사イギリス帝國の歴史》, 주코신쇼, 2012.

오치 다케오미, 《근대 영국의 기원近代英國の起源》, 미네르바쇼보, 1966.

이시자카 아키오 외, 《신판 서양 경제사新版西洋經濟史》, 유히카쿠, 1985.

이타야 도시히코, 《금융의 세계사金融の世界史》, 신초센쇼, 2013.

아오이 야스유키, 《남미 포토시 은광南米ポトシ銀山》, 주오신쇼, 2000.

유아사 다케오, 《문명의 '혈액' 文明の「血液」》, 신효론, 1988.

이와이 가쓰히토 , 《21세기 자본주의론二十一世紀の資本主義論》, 지쿠마가
쿠에이분코, 2006.

후쿠다 구니오, 《세계 경제의 해부학世界經濟の解剖學》, 호리쓰분카샤,
2014.

Charles R. Geisst, 《Wall Street: A History》, Oxford University
Press, 1997.

Edwin Green, 《Banking: An Illustrated History》, Phaidon Inc Ltd,
1989.

John Kenneth Galbraith, 《Money: Whence It Came, Where It
Went》, Houghton Mifflin, 1975.

John Kenneth Galbraith, 《A Short History of Financial Euphoria》,
Penguin Books(Reprint edition), 1994.

Jonathan Williams, Catherine Eagleton, 《Money: A History》,
Firefly Books, 2007.

돈의 흐름으로 보는 세계사

제1판 1쇄 발행 | 2019년 8월 30일
제1판 5쇄 발행 | 2023년 7월 10일

지은이 | 미야자키 마사카쓰
옮긴이 | 송은애
펴낸이 | 유근석
펴낸곳 | 한국경제신문 한경BP
책임편집 | 김은찬
저작권 | 백상아
홍보 | 서은실 · 이여진 · 박도현
마케팅 | 배한일 · 김규형
디자인 | 지소영
본문디자인 | 디자인 현

주소 | 서울특별시 중구 청파로 463
기획출판팀 | 02-3604-590, 584
영업마케팅팀 | 02-3604-595, 583 FAX | 02-3604-599
H | http://bp.hankyung.com E | bp@hankyung.com
F | www.facebook.com/hankyungbp
등록 | 제 2-315(1967. 5. 15)

ISBN 978-89-475-4510-5 03320